ED. CHAVANNES

LES
INSCRIPTIONS CHINOISES
DE BODH-GAYÂ

Extrait de la **Revue de l'Histoire des Religions**. — T. XXXIV. — N° 1. — 1896.

PARIS
ERNEST LEROUX, ÉDITEUR
28, RUE BONAPARTE, 28

1896

LES

INSCRIPTIONS CHINOISES DE BODH-GAYÂ

ANGERS, IMP. DE A. BURDIN, RUE GARNIER, 4.

ED. CHAVANNES

LES

INSCRIPTIONS CHINOISES

DE BODH-GAYÂ

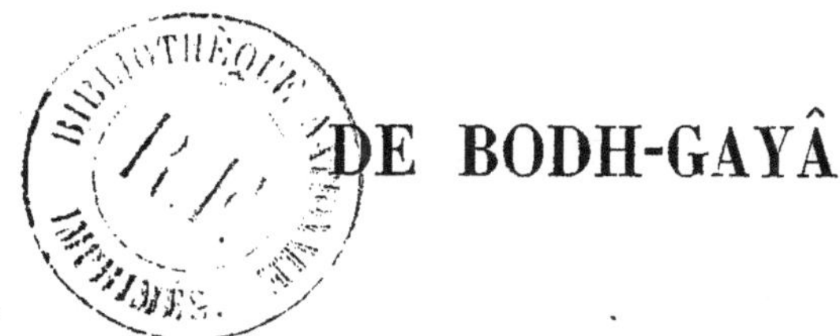

Extrait de la **Revue de l'Histoire des Religions**. — T. XXXIV. — Nº 1. — 1896.

PARIS

ERNEST LEROUX, ÉDITEUR

28, RUE BONAPARTE, 28

1896

ERRATA

P. 7, note 3 : *au lieu de* « Cinq caractères », *lisez :* « Six caractères ». — *Au lieu de* « du cinquième », *lisez :* « du sixième ».
P. 49. Le dernier de la citation chinoise est à retourner.
P. 53. Note, ligne 4 : *au lieu de* « côte occidentale », *lisez :* « côte orientale ».

LES
INSCRIPTIONS CHINOISES DE BODH-GAYÂ

LE BOUDDHISME EN CHINE ET DANS L'INDE
AUX Xᵉ ET XIᵉ SIÈCLES

I

M. A. Foucher, chargé d'une mission scientifique en Inde, a récemment envoyé à l'Académie des Inscriptions et Belles-Lettres les estampages et les photographies de cinq inscriptions chinoises. L'une d'elles doit remonter au milieu du xᵉ siècle de notre ère ; trois autres sont datées de l'année 1022 ; la dernière, de l'année 1033. Elles ont été découvertes à Bodh-Gayâ, sur l'emplacement du célèbre temple Mahâbodhi ; les quatre premières sont conservées dans l'Indian Museum à Calcutta ; la cinquième est aujourd'hui encore à Bodh-Gayâ, dans la résidence du Mahant ou supérieur des prêtres çivaïtes. Ces inscriptions représentent, à quelques fragments près, la totalité des textes lapidaires chinois trouvés en Inde. Quoiqu'elles aient été déjà publiées et étudiées, il restait encore beaucoup à faire pour les bien comprendre. Nous avons donc entrepris, avec les secours que nous fournissait M. Foucher, un nouvel examen de ces monuments.

1

INSCRIPTION I

L'inscription que nous regardons comme la plus ancienne est gravée sur trois lignes horizontales couchées au-dessous d'un bas-relief ; la sculpture représente les sept Buddhas (Vipaçyin, Çikhin, Viçvabhû, Krakuchanda, Kanakamuni, Kaçyapa, Çakya) qui ont déjà fait leur apparition dans le monde, surmontés de la figure de Maitreya, le Buddha qui doit venir. Dans le fac-similé de ce monument qu'a donné M. Beal (*Two Chinese-Buddhist Inscriptions found at Buddha-Gayâ*, ap. *Journal of the Royal Asiatic Society*, 1881, new series, vol. XIII, pp. 552-572 ; et *Indian Antiquary*, 1881, vol. X, p. 193), Maitreya Buddha a été supprimé ; en outre, le commencement et la fin des lignes d'écriture sont invisibles. L'inscription n'a pas encore été déchiffrée, et pour cause : elle offre en effet des difficultés considérables ; les caractères, de dimensions fort petites, sont très mal gravés ; ils sont d'ailleurs placés à intervalles irréguliers les uns des autres, en sorte que souvent deux caractères se confondent et semblent n'en former qu'un seul. M. Beal (*op. cit.*) a publié de cette inscription une lecture extrêmement fautive et une brève analyse qui a été reproduite telle quelle par le général Cunningham (*Mahâbodhi*, p. 73). Dans une note récente (*T'oung pao*, décembre 1895, vol. VI, pp. 522-524), M. Schlegel a suggéré deux corrections heureuses à la lecture de Beal, et a proposé, pour une des expressions les plus embarrassantes de ce texte, une explication que je devrai contester.

Cette inscription n'est pas datée ; on peut cependant préciser d'une manière assez rigoureuse l'époque à laquelle il faut la rapporter. Elle a été gravée par des gens du pays de

ta Han ou des grands *Han* (大漢國). Ces mots *ta Han* ne peuvent pas désigner les deux premières dynasties *Han* (206 av. J.-C.-220 ap. J.-C.), sous lesquelles aucun pèlerin chinois ne vint jusque dans l'Inde du centre. Il n'est pas davantage possible de penser aux deux royaumes barbares de *Ta-han*, dont l'un était situé près du lac Baïkal, tandis que l'autre paraît correspondre au Kamtchatka (cf. Schlegel, dans *T'oung pao*, vol. III, p. 161-162, et vol. IV, p. 334). La seule hypothèse plausible, c'est que l'inscription date des *Han* postérieurs, petite dynastie qui ne régna que cinq années, de 947 à 951 après J.-C. ; la partie de la Chine qui, était gouvernée par les *Han* postérieurs était appelée, de leur temps, le pays des grands *Han* (*ta Han kouo*), de même que dans les quatre autres inscriptions, nous verrons la Chine de l'époque des *Song* appelée le pays des grands *Song* (*ta Song kouo*). D'ailleurs cette hypothèse est confirmée d'une singulière façon par la considération suivante : l'inscription est contemporaine du bas-relief ; or le général Cunningham (*Mahâbodhi*, p. 74) disait déjà en 1892 : « Comme ces sculptures sont décidément de style médiéval, l'inscription ne peut pas, à mon avis, être plus ancienne que l'an 1000 après J.-C. » Le général Cunningham n'était pas sinologue et ne connaissait sans doute pas l'existence de la petite dynastie *Han* ; mais son sens de l'archéologie l'a bien guidé ; l'inscription n'est antérieure que d'une cinquantaine d'années à l'an 1000 ; elle date certainement des environs de l'an 950 de notre ère.

Avant d'aborder l'explication de ce texte, il est nécessaire de fixer le sens d'une expression très énigmatique qu'il renferme, c'est l'expression *cheng nei t'o* 生 內 陀 . M. Schlegel y voit le mot sanscrit *saṃnaddha* qui est le participe passé du verbe *saṃ-nah*, et qui signifie « équipé ». Mais cette explication, quelque ingénieuse qu'elle soit, ne me semble pas admissible. Les mots qui commencent en chinois par l'articulation *ch* servent à transcrire une syllabe sanscrite commençant par une sifflante *palatale* et ne peuvent être l'équivalent d'un mot commençant par une sifflante *dentale* (exemples : *cha-men* 沙 門 = çramaṇa ; *che-lo-i-to* 尸 羅 逸 多

= Çîlâditya ; *che-kia* 釋迦 = Çakya, etc.). En outre, quelles que soient les bizarreries du style bouddhiste, ce serait un cas bien extraordinaire que celui d'une phrase chinoise au beau milieu de laquelle un participe passé, assez banal d'ailleurs, et n'ayant aucune valeur spécifique dans la langue religieuse, serait exprimé en sanscrit. Je crois donc qu'il faut chercher une autre explication.

Lorsque l'expression *cheng nei t'o* se présente pour la seconde fois dans l'inscription, elle est précédée du mot 往.

Or les deux mots 往 生 se trouvent souvent associés pour exprimer le fait d' « aller naître » au paradis. Nous relevons, dans le catalogue du Tripiṭaka (Bunyiu Nanjio, nᵒˢ 1513 et 1514), deux ouvrages dont les titres sont respectivement 往 生 淨 土 懺 願 儀 = « Règles rituelles pour la confession et la prière pour aller naître dans la terre pure (*Sukhâvatî*) », — et 往 生 淨 土 決 疑 行 願 二 門 = « Sur deux moyens d'aller naître dans la terre pure, à savoir la solution des doutes et la pratique de la prière ». — Dans le titre d'un troisième ouvrage (Bunyiu Nanjio, nᵒ 1478), les mots « terre pure » sont sous-entendus et les mots « aller naître » restent seuls : le 密 咒 圓 因 往 生 集 est un « Recueil de prières magiques pour *la cause parfaite d'aller naître* (dans le Sukhâvatî) ». Non seulement ce titre nous fournit l'expression 往 生 sous la même forme isolée sous laquelle nous la trouvons dans l'inscription, mais encore il nous suggère une explication des deux caractères 內 陀 : « cause » se dit en sanscrit *nidâna* ; n'est-ce pas une transcription, imparfaite sans doute, mais phonétiquement possible, de ce mot que nous avons dans les deux syllabes *nei-t'o* ? *Wang cheng nei t'o*, c'est, comme dans le titre de l'ouvrage sanscrit précité, « la cause qui fait aller naître » (dans le Sukhâvatî) ; d'ailleurs, on peut dire tout aussi bien (comme nous le voyons dans la première ligne de l'inscription) *cheng nei t'o*, c'est-à-dire « la cause de naître » ou « la cause qui fait naître » (dans le Sukhâvatî).

Cette explication nous permet de comprendre le sens général de l'inscription : un religieux nommé *Tche-i* avait formulé le souhait d'engager trois cent mille hommes à pratiquer la conduite qui donne la naissance supérieure, c'est-à-dire la naissance dans le Sukhâvatî, de répandre trois cent mille chapitres des sûtras qui peuvent conférer au croyant cette même naissance supérieure, de réciter lui-même ces trois cent mille chapitres ; l'accomplissement de ces œuvres méritoires devait avoir une efficacité telle qu'elle équivalait à la cause qui fait naître dans le Sukhâvatî ; en d'autres termes, si *Tche-i* réalisait son vœu, il obtenait par là-même comme récompense la naissance désirée. — Maintenant, *Tche-i* est arrivé dans les lieux saints ; il paraît avoir fait partie d'un groupe de pèlerins dont un certain *Koei-pao* était le chef : ce *Koei-pao* et ses compagnons sont précisément ceux qui ont obtenu, par leur conduite pieuse, la cause qui fait aller naître dans le Sukhâvatî ; *Koei-pao* est donc mentionné comme le premier des trois cent mille hommes qui pratiquent la conduite dont la récompense est la naissance supérieure ; *Tche-i* se nomme lui-même comme le second ; il cite un certain *Koang-fong* comme le troisième. S'il ne donne que trois noms, c'est sans doute que chacun de ces religieux se considérait comme le conducteur d'un groupe de cent mille hommes. L'inscription est ici endommagée et il est difficile de savoir exactement comment *Tche-i* et ses deux compagnons pouvaient espérer entraîner par leur exemple une telle quantité de personnes ; on voit cependant par la fin du paragraphe qu'ils ont bon espoir et qu'ils croient à leur réussite. — La seconde partie de l'inscription énumère plusieurs religieux qui avaient fait le vœu de sculpter une image de Maitreya Buddha. Ils ont maintenant exécuté leur œuvre et ont, en outre, représenté les sept Buddhas qui précédèrent Maitreya.

TEXTE

大漢國僧志義。先發願。勸三十萬人修上生行。施三十萬卷上生經。自誦三十萬卷。如上功德迴向同生內陀。今至摩揭國望金剛座。伏過唯識座主。歸寶與諸大德等同往生內陀。三十萬人中歸寶為第一人。志義第二。廣峯第三。下依烈功第。惠山品重遠全造工緣。其義日進。惠秀智永奉昇清鑒等並願親奉列勤慈尊。今結良緣。成此七佛已為

Inscription I

TRADUCTION

Le religieux *Tche-i*, du pays des grands *Han*, avait autrefois formulé le vœu d'engager trois cent mille hommes à pratiquer la conduite qui assure la naissance supérieure, de répandre au nombre de trois cent mille chapitres les sûtras[1] qui procurent la naissance supérieure, de réciter lui-même ces trois cent mille chapitres; d'un mérite tel que celui qui vient d'être nommé, l'effet en retour[2] est égal à la cause qui fait naître. Maintenant, arrivé dans le royaume de Magadha, il a admiré le trône de diamant, il a passé humblement devant le trône du Vijñânamâtra[3]. Le maître *Koei-pao* et une

1) Il n'y a pas de sûtra qui compte 300.000 chapitres; il faut donc traduire, non pas « le sûtra en 300.000 chapitres », mais « 300.000 chapitres de sûtras ».

2) Le sens des mots *hoei hiang* est nettement fixé dans la langue bouddhiste; cette expression désigne l'heureux effet produit par une bonne œuvre. Dans le catalogue du Tripiṭaka intitulé *Ta ts'ang cheng kiao fa pao piao mou* (cf. Bunyiu Nanjio, n° 1611), au-dessous du titre de l'ouvrage intitulé 甚深大回向經 (cf. Bunyiu Nanjio, n° 471), l'auteur du catalogue ajoute : 右說回向功德福報 « l'expression *hoei hiang* employée ci-dessus signifie l'heureuse récompense d'un mérite ».

3) A propos de l'expression 唯識座, qui se lit avec netteté sur l'estampage et la photographie de M. Foucher, M. Sylvain Lévi a bien voulu me donner les renseignements suivants : Parmi les épithètes du Buddha, le dictionnaire de Hemacandra mentionne le nom de *Vijñâna-mâtṛka*, qui signifie littéralement « qui a pour mère le Vijñâna »; cette expression, si l'interprétation en est juste, ne laisse pas que de choquer; *Vijñâna* est un mot neutre et le génie hindou répugnerait à lui attribuer un rôle maternel. Si on corrige *mâtṛka* en *mâtrika*, en substituant à l'*r* voyelle la liquide suivie d'un *i* (et cette confusion est très fréquente dans les manuscrits), l'épithète signifiera « qui consiste seulement en connaissance », et sera l'équivalent de *Vijñâna-mâtra*, restitution à laquelle nous conduit la traduction chinoise 唯識 (uniquement-connaissance). Le terme de *Vijñâna-mâtra* rappelle directement par sa formation les termes de *Vijñânâkala* et *Vijñâna-kevala* dont la signification littérale est identique; ces deux derniers termes sont employés dans le système çaiva pour désigner les âmes qui ne sont plus que sous l'influence du seul

foule de bhadantas ensemble [ont obtenu?[1]] la cause qui fait aller naître;
des trois cent mille hommes, *Koei-pao* fut le premier ; *Tche-i*, le second ;
Koang-fong, le troisième ; au-dessous d'eux s'appuyant sur le rang qui
lui assure un mérite éclatant, *Hoei-chan*, catégorie[2]... (?)[3] pénétrer
l'œuvre efficace de la doctrine accomplie; le sens de cela est de jour en
jour plus proche[4]. — *Hoei-sieou, Tche-yong, Fong-cheng, T's'ing-yun*
et d'autres avaient tous ensemble désiré s'acquitter personnellement du
soin de sculpter [l'image du] Vénérable Compatissant[5]; maintenant ils
ont accompli cette excellente œuvre, et, après avoir achevé ces sept
Buddhas, ils ont fait[6]...

INSCRIPTION II

L'inscription n° 2 est datée de l'année 1022 ; dans cette
longue composition littéraire, un religieux nommé *Yun-chou*
célèbre la statue du Buddha du temple Mahâbodhi ; puis il
loue les trois corps du Buddha, c'est-à-dire la triple forme
sous laquelle le Buddha manifeste son existence ; enfin il
chante les trois trônes qui correspondent à ces trois corps.

mala (impureté naturelle), parce que leurs actions ont été annulées par l'abs-
traction, la contemplation, la connaissance, etc., et qui sont dégagées de toute
chaîne (cf. *Sarva-darçanasamgraha*, trad. Cowell et Gough, p. 120).

1) Deux caractères sont ici effacés: on ne distingue plus que la partie infé-
rieure de droite du second : 貝 ; peut-être était-ce le mot 願 ?

2) La phrase n'étant pas terminée, la traduction de tout ce passage est incer-
taine. — Au-dessous du mot 品 , un trait horizontal pourrait être pris pour le
caractère chinois 一 *i* = un. Mais je crois que ce trait n'est qu'un vestige
de l'encadrement qui entourait l'inscription.

3) Avant le mot 達 , cinq caractères font défaut; on distingue encore la
partie de droite du cinquième : 重 .

4) En d'autres termes, le pèlerin se sent de jour en jour plus proche de la
réalisation de son vœu.

5) Le Compatissant n'est autre que Maitreya Buddha. L'expression 慈尊
= « le Vénérable Compatissant », se retrouve dans *I-tsing* (*Les religieux éminents...*, trad. fr., p. 176).

6) Les quelques mots qui manquent devaient sans doute donner un sens
tel que celui-ci : ils ont fait cette inscription commémorative.

Ce monument a été reproduit par M. Beal (*Journal of the Royal Asiatic Society*, 1881, N. S., vol. XIII, p. 557); le fronton (cf. Cunningham, *Mahâbodhi*, pl. XXX, fig. 1) qui

TEXTE

大宋國傳經講論西河僧蘊述讚佛身座記蘊述別帝鄉來瞻佛境既觀
異跡靈蹤寧無福善欽讚者乎蘊述竭餘資於道樹北三十餘步刻鑄須
佛石塔一所遮標三會安足之方財嚴不足以寫心法施剋恭而須
聊申荒句以讚無主讚覺座真容曰大雄氏悲物留真雖無宣演
有威靈神輦羣以啟讚仰動識咸親真二千年久月面萬字長新
盡威顏好鮮頂山盤碧玉目海千秋久月面萬字長
神靈手泉沈火煙中因歌影為子體備讚真蓮珠作友親聚雙讚眉毫雲
悲深月面真體曾救火因人為子留醫報真繫珠三生既滅抛三僧祇開讚路讚身
迷塵惚惱相原周山界妙好遍身無礙讚心境身曰湛湛無攀生滅三僧祇開關凡根
塵周淨穢真淪江逢佛身偏沙塵湛湛三生既冥冥亦果因居關凡根
讚法在聖處非異我讚心言妙始深逢清淨金輪底身讚報身昇地讚座平須揚讚化時閣
不俗身能更殊魔終難到世工無始無生花滅王報異身高座妙覺道面都塵色雜身
座火生更火時讚障障身座安始子深透金淨底三身既三冥冥須果因終不化身時
水上天豈居太虛演法勞到座雖經度百萬劫縱橫異遠離微塵去道凝然含五趣間外
頂長偏虛潛妙似蚊撼穹豈高微歸表明王避資聖今將荒靜沙塵色雜
數三災長生若潛演勞怨密摧雖經萬劫香離塵埃我本國表明王避資
納用般偈之妙持睫度隆知下微歸仰懷將有相之今將荒靜
詞用讚無生之妙理似持蚊睫撼度穹隆豈知高下微表歸仰之懷今將
讚誦三身妙善兼及刻鑄千聖殊勳並用奉福我本國表明王避資聖壽蓋而壽
大宋皇帝伏願命等天池之水滔滔而無減無增福如神嶽之山岌岌發
唯高唯峻我王更願此地當來時大宋天禧年歲次壬戌乙已月標
名更有讚誦異跡靈蹤同禮佛鄉僧東京右街典教禪院義清義璘二人同標記之
之耳
持金襴袈裟一條於摩訶菩提佛座上被挂已訖寄標於此方古記之

surmonte l'inscription représente le Buddha assis ayant à sa droite et à sa gauche la déesse Vajra Varâhî. Ce texte a été traduit en anglais par M. H. A. Giles (Cunningham, *Mahâbodhi*, pp. 69-71).

TRADUCTION

Mémoire sur les corps et les trônes du Buddha par le religieux *Yun-chou*, originaire de *Si-ho*[1], transmetteur des sûtras et explicateur des çâstras, du pays des grands *Song*.

Yun-chou quitta le territoire impérial pour venir contempler le pays du Buddha ; quand il eut vu les traces merveilleuses et les vestiges saints, comment aurait-il pu s'empêcher d'être le respectueux panégyriste de l'heureuse excellence ? *Yun-chou* épuisa tout ce qui lui restait de ressources, et, à une trentaine de pas au nord du Bodhidruma, il cisela un [beau[2]?] stûpa en pierre des mille Buddhas[3] ; il érigea un monument de longue durée sur le lieu où trois fois se poseront les pieds[4]. Quoique la hauteur de ses capacités ne fût pas suffisante pour exprimer par écrit ses sentiments, le bienfait de la Loi dépassait son respect au point de s'imposer à son for intérieur[5]. Il essaya de formuler quelques phrases grossières pour célébrer le non-né.

1) La sous-préfecture de *Si-ho* de l'époque des *Song* correspond à la sous-préfecture actuelle de *Fen-yang* 汾陽, préfecture de *Fen-tcheou* 汾州, province de *Chan-si* 山西.

2) Entre le caractère 所, qui est le numéral des édifices, et le nom de nombre 一, manque un caractère qui ne peut être qu'un adjectif qualificatif du stûpa (beau, grand, etc.).

3) Les mille Buddhas du kalpa des sages qui tous se sont assis sur le trône du diamant (cf. *Hiuen-tsang*, II, p. 460).

4) L'expression 三會安足 est embarrassante. 安足 signifie « poser les pieds à terre » ou « s'appuyer sur ses pieds ». *Hoai-nan-tse,* cité par le *Pei wen yun fou,* dit : 蝮蛇不可躞安足, « les reptiles, on ne peut les faire s'appuyer sur leurs pieds ». D'autre part, on retrouve les mots 三會 dans l'expression 龍華三會 qui désigne les trois occasions dans lesquelles Maitreya Buddha fera tourner la roue de la loi sous l'arbre aux fleurs de dragon (cf. *I-tsing, Les religieux éminents...*, p. 25, n. 1). Je suppose donc que l'expression 三會安足 désigne les trois occasions dans lesquelles Maitreya Buddha posera ses pieds sur la terre. Peut-être cependant les mots 安足 désignent-ils les empreintes laissées par les pieds du Buddha.

5) Je traduis par « sentiments » et par « for intérieur » les mots chinois 心

Il loua en ces termes le vrai visage du trône de l'intelligence[1] :

O grand? — tu as compassion des êtres et tu maintiens la vérité;

Même quand tu ne te manifestes pas au dehors, —? existe ton influence surnaturelle;

Toutes les doctrines erronées s'ouvrent à toi et regardent à toi; — tout ce qui est mouvement et connaissance se rattache à toi;

Vieille de deux mille années[2], — ta face lunaire[3] se maintient pendant longtemps nouvelle.

et 腹 (littéralement : cœur et ventre) qui se trouvent souvent accouplés pour désigner ce qu'il y a de plus intime dans l'homme.

1) Le vrai visage du trône de l'intelligence 覺座眞容 désigne sans doute la statue du Buddha qui se trouvait dans le temple Mahâbodhi; on verra plus loin (p. 56) qu'un çramaṇa de l'Inde apporta en Chine le vrai visage du trône de diamant 金剛座眞容, c'est-à-dire, apparemment, une image de cette statue. Je signalerai ici une erreur que j'ai commise en traduisant l'ouvrage d'*I-tsing* sur les religieux éminents qui allèrent chercher la loi dans les pays d'Occident (p. 16, n. 1) : dans ce texte il est dit que le pèlerin

Hiuen-tchao, étant arrivé au temple Mahâbodhi, 仰慈氏所制之眞容; j'ai traduit:« il admira la figure véritable qui a été faite du Compatissant ». Mais la statue qui se trouvait dans le temple Mahâbodhi était une statue de Çakyamuni Buddha, et non de Maitreya Buddha; nous savons, d'autre part, que cette statue fut faite par un brahmane qui se donna pour une incarnation de Maitreya Bodhisattva (cf. *Hiuen-tsang*, I, p. 142, et II, p. 467). Il faut donc comprendre le texte d'*I-tsing* de la manière suivante : « il admira la figure véritable [de Çakyamuni Buddha] qui a été faite par Maitreya [Bodhisattva] ».

2) D'après M. Beal (*A catena of Buddhist Scriptures*, p. 116, n. 1), *Jen-tch'ao* 仁潮, qui écrivait sous les *Song*, dit, dans son ouvrage intitulé *Fa kie ngan li t'ou* 法界安立圖, que, depuis le Nirvâṇa du Buddha jusqu'à la première année de *Kao-tsong* (1127 ap. J.-C.), il s'est écoulé 2100 années; si l'auteur de l'inscription que nous expliquons admettait pour le Nirvâṇa la même date que *Jen-tch'ao*, on voit que, écrivant en 1022, il pouvait évaluer à 2000 années le temps écoulé depuis le Nirvâṇa jusqu'à lui.

3) La comparaison de la face du Buddha à la pleine lune est fréquente dans la littérature hindoue : 華嚴經云。面如滿月。目如蓮 « Le *Hoa-yen king* dit : Son visage est comme la pleine lune; ses yeux sont comme les lotus. »

Il fit encore cet éloge :

La contemplation des quatre fois huit[1] est sans limites ; — la foule (des particularités) de ton majestueux visage est belle et rare.

La montagne de ton crâne est ronde comme une pièce de jade vert ; — la mer de tes yeux fleurit comme les lotus bleus.

Ta poitrine qui porte le signe du svastika est comme un amas d'or ; —les poils de tes deux sourcils sont comme un enroulement de nuages.

Très admirables sont tes mains divines et extraordinaires ; — (tes vêtements?) et ta substance sont affranchis de la poussière et de la fumée.

Ayant ainsi chanté la substance de l'ombre, il entreprit de célébrer les vrais corps. Les corps du Buddha sont au nombre de trois ; il les célébra tous l'un après l'autre.

Il loua en ces termes le Nirmânakâya :

La profondeur de la compassion est la vérité de ta face lunaire ; — à plusieurs reprises tu as secouru les hommes du milieu du feu.

Pour tes enfants tu as laissé un moyen de guérison[2] ; — tu as enfilé des perles [3] pour en faire les amitiés et les parentés.

Les trois chars[4] ont ouvert la route de l'intelligence ; — les cinq doctrines ont abattu la poussière aveuglante.

Aux jours où l'on est haïssable et submergé (par les passions),—on ne rencontre point le corps qui est en dehors des êtres.

Il loua en ces termes le Sambhogakâya :

Ayant achevé les dix mille passages à travers les asaṃkhyeya kal-

---

1) C'est-à-dire des trente-deux laṣkaṇas.

2) « Le Vimalakîrtinirdeça sûtra dit : Il est le grand roi médecin ; il excelle à guérir toutes les maladies » 維摩經云爲大醫王善療衆病. Cf. Tripiṭaka japonais, 露, 9ᵉ cahier, p. 13 rº.

3) Peut-être faut-il voir ici une allusion au rosaire.

4) Les trois chars 三車 sont les trois véhicules des Çrâvakas, des Pratyekabuddhas et des Bodhisattvas. D'après le *Saddharma Puṇḍarîka* (chap. III, trad. H. Kern, *Sacred Books of the East*, vol. XXI, p. 80-81 ; cf. Burnouf, *Lotus de la bonne Loi*, p. 52 et pp. 369 et 371), le Buddha aurait prononcé une parabole dans laquelle il comparait les trois véhicules de son enseignement à trois chars tirés, l'un par des antilopes pour les Çrâvakas, l'autre par des chèvres pour les Pratyekabuddhas, le troisième par des bœufs pour les Bodhisattvas.

pas[1], — il transporte tout être au delà des portes des affections (mondaines)[2].

La poussière originelle est de toutes parts purifiée de sa souillure; — une mutuelle harmonie pénètre les fleuves et les montagnes.

De tous les Bouddhas le corps n'a point d'obstacle; — de tous les cœurs[3] le domaine échappe à toute atteinte.

Pour toujours on abandonne la mer du Trailokya; — l'essence de l'égoïsme est entièrement supprimée.

Il loua en ces termes le Dharmakâya :

La plaine de la connaissance environne le domaine de la Loi; — la subtile excellence pénètre de toutes parts le sable et la poussière.

Très puissant, il est sans naissance et sans extinction; — très mystérieux, il est affranchi des effets et des causes.

Il demeure en tout temps sans être du monde; — dans sa sainte place il n'est point véritablement.

Quand les expressions de mon cœur louangeur ont été épuisées, — j'ai rencontré pour la première fois le corps pur et calme.

Les trois corps ayant été loués, les trônes devaient être à leur tour exaltés.

Il loua le trône du Nirmânakâya en ces termes :

Les cinq Indes possèdent ses vestiges merveilleux; — à l'intérieur des six directions il est né au centre.

En profondeur, il a pénétré jusqu'à la base de la roue d'or; — en

1) 僧祇 est une expression abrégée pour 阿僧祇劫. Les asaṃkhyeya kalpas, ou kalpas illimités, sont au nombre de trois : le premier va de l'ancien Çakya Buddha 古釋迦 à Çikhin Buddha 尸棄; le second va de Çikhin Buddha à Dîpaṃkara Buddha 然燈; le troisième va de Dîpaṃkara Buddha à Vipaçyin Buddha 毘婆尸 (cf. *Kiao tch'eng fa chou*, à l'expression *san a seng k'i*).

2) L'expression 愛關 peut être rapprochée de l'expression 愛網 = le filet des affections [mondaines]; cf. *Hiuen-tsang*, trad. Julien, vol. II, p. 425.

3) Au-dessous du mot 心, on lit le caractère 二 qui signifie deux; il faut donc lire deux fois le mot 心; la phrase commence par 心心, de même que la phrase symétrique précédente commence par 佛佛.

hauteur, il s'est élevé au-dessus de la plane surface de la terre[1].

Poussière et peine jamais ne l'atteignent ; — l'eau et le feu, comment pourraient-ils le modifier ?

Une fois il terrassa la force de l'armée de Mâra ; — pacificateur fut son rugissement de lion[2].

Il loua le trône du Sambhogakâya en ces termes :

Le trône s'élève au delà des trois mondes ; — son éclat culmine jusqu'à la demeure des devas d'en haut.

Le feu du kalpa[3] aura toujours de la peine à l'atteindre ; — comment les artisans de ce monde pourraient-ils aisément imiter ce modèle ?

La renommée de la reine des fleurs[4] est extraordinaire et s'étend au loin ; — (de même), la doctrine de la merveilleuse connaissance est puissante et glorieuse.

Comme un joyau, il s'est introduit dans le nombre des grains de poussière et de sable ; — doué de longue vie, il pénètre de toutes parts le grand vide.

Il loua le trône du Dharmakâya en ces termes :

Sans commencement, sans naissance, ni extinction, — ses traces universellement sont affranchies du passé et du futur.

Immobile, il aspire en lui les cinq voies[5] ; — silencieux et calme,

1) Cf. *Hiuen-tsang*, trad. Julien, tome II, p. 460 : « En bas il descendait jusqu'à l'extrémité de la roue d'or ; en haut il atteignait aux bornes de la terre » 下極金輪上侵地際.

2) La prédication de la loi est souvent comparée au rugissement du lion. Dans l'inscription originale, le mot *che* est écrit sans avoir à gauche la 94ᵉ clef.

3) L'embrasement général qui est la fin de chaque kalpa.

4) M. Giles (Cunningham, *Mahâbodhi*, p. 70) traduit 華王 comme signifiant le roi Açoka ; mais je ne connais aucun texte qui autorise cette interprétation. Il ne me semble pas suffisant de dire qu'Açoka put être ainsi nommé parce qu'il eut pour capitale Pâtaliputra dont le nom en chinois est 華氏城 . Les textes cités par le *Pei wen yun fou* montrent que cette expression désigne la fleur considérée comme la plus belle, par exemple la pivoine.

5) En général, on compte six *gatis* ou voies de l'existence. On trouve cependant assez souvent les *gatis* réduites à cinq ; tel est le cas dans un passage du Saddharma Puṇḍarîka (*Lotus de la bonne Loi*, p. 81), à propos duquel Burnouf (p. 377) fait la remarque suivante : « Les Buddhistes du sud ont également une énumération des cinq voies de l'existence que je vois citées dans le Saṅgîti sutta du Dîgha nikâya ; en voici les termes : *Pañtcha gatiyô, nirayô, tiratch-tchânayôni, pêttavisayô, manussa, dêvâ.* Il y a cinq voies, savoir : l'enfer, une

il absorbe les trois calamités [1].

Les gâthâs de la prajñâ secrètement se répandent, — et les obstacles de la peine et de la haine mystérieusement sont repoussés.

Même après avoir traversé cent myriades de kalpas, — dans sa vaste profondeur il reste loin de la poussière immonde.

J'ai choisi ce qui avait la meilleure apparence dans mes expressions grossières et je m'en suis servi pour louer le beau principe du non-né. Je suis comme si j'avais pris la vue d'un moustique pour mesurer la voûte céleste; comment en connaîtrais-je la hauteur? J'ai faiblement manifesté mes sentiments de foi et d'admiration.

Maintenant, je prends l'éloge que j'ai fait de l'excellence merveilleuse des trois corps, et en même temps les sculptures que j'ai exécutées des extraordinaires actions d'éclat des mille saints [2], et de tout cela je me sers pour procurer la prospérité au glorieux souverain de mon pays et pour lui offrir pendant longtemps une sainte longévité.

L'empereur de la grande dynastie *Song* désirait humblement que sa destinée fût comme l'eau de l'étang céleste qui est très abondante et jamais ne diminue ni n'augmente, — que sa prospérité fût comme la montagne du pic divin qui est très élevée et qui reste toujours haute et toujours majestueuse. — Mon souverain désirait, en outre, que dans ce pays à l'avenir il y eût continuellement quelqu'un pour occuper la place de Çaṅkha [3], — que dans les autres régions il y eût dans les géné-

---

matrice d'animal, le royaume des Prêtas, les hommes et les Dêvas ». Burnouf suppose que, dans cette énumération, les Asuras sont réunis à la catégorie des enfers. — On lit de même dans le résumé que donne *I-tsing* de la Suhṛllekhâ de Nâgârjuna : « De plus l'épître explique les cinq conditions (*gati*) : Fantôme (*Preta*), animal (*Tiryag-yoni-gata*), être humain (*Manuṣya*), être céleste (*Deva*), être infernal (*Nâraka*) » (trad. Ryauon Fujishima, *Journal asiatique*, nov.-déc. 1888, p. 423).

1) Les trois calamités sont la maladie, la guerre et la famine (*Fa yuen tchou lin*, chap. 1, p. 13 r°). On remarquera que les deux mots 三災 sont écrits dans l'inscription sur une même ligne horizontale et se lisent *de gauche à droite*.

Il en est de même dans la vingtième colonne pour les deux mots 如神.

2) C'est-à-dire les mille Buddhas en l'honneur desquels il a été élevé un stûpa; cf. p. 9, n. 3.

3) L'expression 蠰佉 est souvent citée par le dictionnaire *I tsie king yn i*, qui dit qu'on l'écrit 儴佉 ou 餉佉 ou 霜佉 ; c'est la transcription du mot sanscrit *Çaṅkha* qui signifie coquillage. Il semble que ce mot

rations futures une renommée qui rappelât la renommée de Candrachattra, — et derechef que, si quelqu'un faisait l'éloge des traces merveilleuses et des vestiges saints, il eût soin de l'écrire et d'en faire un
mémoire.

C'est pendant la période *T"ien-hi* de la grande dynastie *Song*, au mois
i-se de l'année *jen-siu*[1], que ceci a été commémoré.

I-ts'ing et *I-lin*, tous deux religieux de la cour du dhyâna[2] de l'enseignement des règles[3], dans la rue de droite à la capitale de l'est, étant
venus avec [*Yun-chou*] adorer le pays du Buddha, ont apporté ensemble
un kaṣâya tissé d'or, et, après l'avoir suspendu de manière à couvrir le
trône du Buddha du Mahâbodhi, ils l'ont fait savoir en ce lieu; c'est
pourquoi ils ont écrit ceci.

Le religieux indou *Fa-hien* (cf. Appendice II, no V) avait traduit, ou plutôt imité librement en chinois, quelques années
avant le départ de *Yun-chou*, un éloge en sanscrit des trois
corps du Buddha[4]. Il n'est pas sans intérêt de comparer cet
éloge à l'inscription qu'on vient de lire.

DHARMAKAYA :

> Je me prosterne maintenant devant le Buddha au Dharmakâya.
>
> Il est la connaissance incomparable, difficile à comprendre, omni-
> présente.
>
> Il remplit entièrement le domaine de la loi et ne rencontre aucun
> obstacle.

soit ici un nom propre et qu'il en soit de même, dans la phrase symétrique suivante, de l'expression 月蓋 = dais de la lune. J'ai donc considéré *Çankha* et
Candrachattra (dais de la lune) comme des noms d'hommes, tout en reconnais-
sant que je n'ai retrouvé nulle part ailleurs ces personnages supposés.

1) 1022 après J.-C.

2) On appelait cour du dhyâna 禪院 les temples bouddhistes où l'on
s'adonnait surtout aux pratiques contemplatives du dhyâna.

3) Ceci est le nom du temple.

4) Dans l'édition japonaise du Tripiṭaka que la Société asiatique doit à
M. Ryauon Fujishima, ce texte se trouve à la page 72 du 13e cahier du *t'ao*
marqué du mot 成. Il est indiqué dans le catalogue de M. Bunyiu Nanjio
sous le n° 1066.

Dans sa puissance, il reste immobile et calme et n'a pas de degrés divers.

Ce n'est pas l'être, ce n'est pas le non-être; sa nature est la vérité et la réalité.

Il n'a pas non plus de quantité et est affranchi du nombre et de la mesure.

Uniforme et sans marque distinctive, il est comme le vide.

Il procure le bonheur et l'avantage à lui-même et aux autres, et tel il est.

SAMBHOGAKAYA :

Je me prosterne maintenant devant le Buddha au Sambhogakâya.

Dans sa puissance, il reste tranquille, le grand Muni.

Plein de compassion, il transforme et sauve la foule des Bodhisatt-vas.

Concentré dans son lieu comme le soleil, il illumine tout.

Pendant les trois kalpas illimités, il accumule et rassemble toutes les sortes de mérites.

Le premier il a pu achever dans son intégralité la voie du calme et de l'immobilité.

D'une voix forte il discourt sur la Loi excellente.

Il invite tous les êtres à obtenir le fruit égal (à la bonne action).

NIRMAṆAKAYA :

Je me prosterne maintenant devant le Buddha au Nirmânakâya.

Au-dessous de l'arbre de la Bodhi, il a accompli la connaissance parfaite.

Tantôt il se produit changeant et manifeste ; tantôt il est calme et im-mobile.

Tantôt il va derechef opérer la transformation dans les dix lieux.

Tantôt il tourne la roue de la Loi dans le Mṛgavana.

Tantôt il manifeste un grand éclat comme un amas de feu.

Les peines encourues par les trois souillures, entièrement il peut les supprimer.

Dans les trois mondes il est le grand Muni sans égal.

EFFET EN RETOUR :

> Telle est des corps du Buddha la connaissance sans fuite (*âsrava*).
> Ma foi constante délivre et purifie des trois occupations.
> En comprenant sans limites la conduite qui assure le grand bon-
> heur,
> De tout mon cœur je ferai descendre la compassion sur la foule des
> êtres.

> En célébrant maintenant les Buddhas aux trois corps,
> Ce sera le moyen d'obtenir la semence des mérites sans fuite.
> Il est désirable que j'atteste promptement la Bodhi du Buddha,
> Et que j'amène tous les êtres à chercher leur refuge dans la droite
> voie.

Le Tripiṭaka chinois renferme, outre l'adaptation très libre de *Fa-hien*, la transcription de l'original sanscrit[1]. M. Sylvain Lévi a bien voulu reconstituer, au moyen de cette transcription, le texte sanscrit et en faire la traduction ; il m'autorise à reproduire ici ce travail :

SAN CHEN TSAN

TRANSCRIPTION CHINOISE

yû-nai-koû-nâ-pie-nî-ko | 1 |

souo-po-lo-hi-to-mho-ô-san-po-nâ-t'ô-lo-poû-toû | 2 |

nai-fouô-pô-oû-na-pô-fouo | 3 |

kie-mi-fouo-san-mo-lo-soû-nou-li+wei-pô-fouo-souo-pô-fouo | 4 |

ni-li+ li-pang-ni-li +wei-kô-lan-che-fouo-mouo-san-mo-san-mang | 5 |

mie-pi-nang-gning-ki-po + lo-pan-tso | 6 |

man-nî-po + lo-tie-tou + mo-wei-nai + yang-tan-mo-ho-mo-neou- po-mang | 7 |

ta-li + mo-kô-ye-ni-nâ-nân | 8 |

loû-kô-ti-to-mo-tsin-tie | 9 |

sou-ki-li + to-san-mo-p'ouo-lang-mô-tou + mo-noû-yû-wei-p'ou-ting | 10 |

1) Cf. Bunyiu Nanjio, *Catalogue*, n° 1072.

2

譯号三本俱作末
三藏法師法賢
奉詔譯其中三
上明有宋字詔
宋作語○哥下
句字○夋下三
木俱無夾註引
字○煬無夾註引
五宋元俱作宋
○那下夾註宋
無十字

末三本俱作末

三身梵讚

西天譯經三藏朝散大夫試光祿卿明教大師臣法賢奉詔譯

三身梵讚

跢（引）乃酤（引）那（引）籠泥（引）哥　一句
莎波羅呬多摩賀（引）三鉢那（引）陀囉部都（二）乃嚩（引）婆（引）巫（引）那婆（引）
彌（引）嚩三摩（引）囉蘇（引）訥哩尾（合二）婆（引）嚩訖哩（二合）你哩尾（合二）郭你哩尾（合二）哥
嚩始嚩始末二摩（引）末三摩發朗摩（引）
鉢囉（合二）半左 六　滿褊（引）鉢囉（合二）多三摩（引）發朗摩（引）
帝（引）多（引）末進夋 九　速訖哩（引）嚩那（引）嚩尾（合二）怛嚩喝摩釋波莽 七　達哩摩（引）
多末尾囉都（引）那薩多（合二）鉢野底囉賀底提（引）末當（引）必麗（引）底係（引）都（二）沒朕（引）嚩底
薩多（合二）鉢野底囉賀底提（引）末當（引）必麗（引）底係（引）都（二）沒朕（引）嚩底
多末尾囉都（引）那薩埵（引）達哩摩（引）具
鉢囉（合二）庾瑟吒（十六）薩埵（引）哺（引）播
達哩摩（引）作訖哩（合二）�吧那（引）羅以嚩設帝（引）抴鉢囉（合二）扇（引）當（十二）乃哥
摩（引）底哺撚必左補那（九十）聘那㘑羅（合二）以嚩
嚩婆（引）跛野喝噎（二十）尾說噜閉鳴播（引）拽（二十）滿褊（引）你哩嚩（二十）末波哩彌多摩賀（引）倪也（引）
哩湯（合二）牟泥（十四）薩埵（引）哩哩台（合二）哥訖哩（合二）播二十）末波哩彌多摩賀（引）倪也（引）
六哥夜發（九）蘇誐多（引）麤鉢囉（合二）底庾（引）末努嚩（引）倪也（引）蘇帝（引）抴你也（二合）那奔女（引）哩夜（引）悉帝（二合）
薄訖夋（二合）引若誐彌那抹企期一三十胃提摩（引）哩詣（二合）䟦喻惹二十帝哩（合二）哥（引）野薩埵（合二）嚩三摩（引）鉢多十二三
陀（引二合）若誐彌那抹企期一三十胃提摩引哩詣（二合）䟦喻惹三十帝哩（合二）哥引野薩埵（合二）嚩三摩引鉢多（合二）那膱沒

三身梵讚

po-li+ cha-nou + mo-ti-wei-tsi-tan + lân | 11 |

sa + to-po-ye-ti-mo-ho-ti-ti-mo-tâng-pi + li-ti-hi-toû | 12 |

mou-t'ô-nân-sa-li + fouo-loû-ko | 13 |

*po + lo-che + li-to-mo-wei-lo-toû-nâ-lo-sa-ta-li + mo-kiû-choang
| 14 |*

man-ni-san-pou-ngo-kô-yang | 15 |

*tam-mo-ho-ni-ho-mo-hô-ta-li + mo-lô-ni + yang-po + lo-ti-che +
t'o | 16 |*

sa-touô-nân-pô-ko-hi-toû-kouo-tsi-na-nang-lo-i-foûo | 17 |

pô-ti-yû-ni-pie-mô-na | 18 |

san-mao-t'ao-ta-li+ mo-tso-ki + li-kouo-tsi-nai-pi-tso-pou-na | 19 |

lo + nai + li-cho-ti-i-po + lo-chan-tang | 20 |

nai-kô-kô-lo-po-lo-mo + li-tang-ti +li-p'o-fouo-p'o-ye-ho-lan | 21 |

wei-chouo-lou-pi-lou-pô-i | 22 |

man-ni-ni-li + fouô-na-kô-ye | 23 |

nai-cho-ni-ngo-neou-ngo-tang-tang-mo-hô·li+t'ang-mai-ni-nâ | 24 |

sa-touô-li + t'ai-ko-ki + li-pô-na | 25 |

mo-po-li-mi-to-mo-hô-i + yê-na-pen-niû-nai-yê-nâng | 26 |

kô-yê-nâng-sou-ngo-tô-nâng | 27 |

*po + lo-ti-wei-ngo-to-mo-nou-fouô-kou + po-t'ô-nâng-tan + lo-yé-
nân | 28 |*

ki + li-touô-p'o-ki + tiê-po + lo-nâ-mang | 29 |

kou-che-lo-mou-po-tsi-tang-i-na +mo-yê-mao-t'i-wei-jo | 30 |

ti + li-kô-yê-si + ti-na-la-mou +t'ô-jo-ngo-ni-na-mo-k'i-lang | 31 |

mao-t'i-mô-li + i-gning + ki-yu-jo | 32 |

ti + li-ko-ye-sa + tan-fouo-san-nô-po + to | 33 |

<h2 style="text-align:center">TRANSCRIPTION SANSCRITE</h2>

yo naiko nâpy anekaḥ

svaparahitamahâsampadâdhârabhûto

naivâbhâvo na bhâvaḥ

kham iva samara- -vibhâvasvabhâvaḥ |

nirlepam nirvikâram

çivam asamasamam vyâpinam -prapañca(m)

vande pratyâtmavedyam

tam aham anupamam dharmakâya(m) jinânâm ||

lokâtîtâm acintyâm

sukṛtasamaphalâm âtmano yo vibhûtim

parṣanmatte (?) vicitrām
stabhayati mahatīm -matām prītihetum |
buddhānam sarvaloka-
prasrtam aviratoddrasaddharmakoçam
vande sambhogakāyam
tam aghanighamahādharmarājām pratiṣṭhām |]

sattvānām bhāgahetuḥ
kvacid anabhra ivābhāti yo dīpyamānaḥ
sambodhau dharmacakre
kvacid api ca punar drçyate yaḥ praçāntam |
naikākāraprabhrtam
tribhavabhayaharam viçvarūpirūpo yaḥ
vande nirvāṇakāyam
daçadiganugatam tam mahārtham munīnām ||

sattvārthaikakrpāṇām
aparimitamahādyānapuṇyānayānām,
kāyānām saugatānām
prativigatamanovākpathānām trayāṇām |
krtvā baktyāh praṇāmam
kuçalam upacitam yan mayā bodhivījam
trikāyās tena labdhā
jagad idam akhilam bodhimārge niyuñje ||
      trikāyastavaḥ samāptaḥ

TRADUCTION

DHARMAKAYA :

Il n'est ni un ni multiple non plus. — Il est le réceptacle de la grande plénitude du bien d'autrui et de soi-même. — Il n'est pas la non-existence ; il n'est pas l'existence. — Comme l'espace... il a pour nature l'expansion. — Rien ne le recouvre ; rien ne l'altère. — Il est bienheureux, égal et inégal. — Il pénètre tout, il a un développement... — Je l'adore, lui qu'on ne peut connaître que chacun dans soi-même. — Il est incomparable ; c'est le Dharmakâya des Jinas.

SAMBHOGAKAYA :

Surpassant le monde, inconcevable, — avec des fruits égaux aux bonnes actions ; telle est sa propre expansion — [qu'il étale], multicolore.

— Il fonde une cause puissante de joie. — Il s'appuie sur tous les mondes des Buddhas. Il est sans interruption le vrai trésor de la bonne loi. — Je l'adore, le Sambhogakâya, soutien des rois de la grande loi qui détruisent le péché.

NIRVAṆAKAYA :

Cause de bonheur pour les êtres, tantôt comme sans nuages—il brille resplendissant ; — tantôt encore aussi au moment de la Sambodhi, et (quand il tourne) la roue de la bonne loi, — il se présente à la vue apaisé ; — rempli de formes qui sont multiples, ôtant la crainte des trois existences, — sa forme est multiforme ; — je l'adore, ce Nirvânakâya[1] — qui suit les dix régions et qui est le grand objet des Munis.

Uniques compatissants au bien des créatures, — amenant les mérites innombrables du grand véhicule (mahâyâna), — les trois corps des Sugatas — ont respectivement effacé la voie de la parole et de la pensée. — Leur ayant fait un hommage avec dévotion, — si j'ai ainsi accumulé un mérite, semence de Bodhi, — par là les trois corps sont acquis ; je destine ce monde entier à la voie de la Bodhi. — L'éloge des trois corps est fini.

INSCRIPTIONS III ET IV

Les inscriptions III et IV sont deux courts ex-voto qui furent gravés le même jour, l'un par *I-ts'ing* et *I-lin*, les deux religieux dont nous avons déjà trouvé les noms à la fin de l'inscription n° 2, l'autre par un religieux nommé *Chao-p'in*, qui devait être sans doute leur compagnon. On verra des reproductions de ces deux monuments dans le *Mahâbodhi* du général Cunningham, pl. XXX, n°ˢ 2 et 3. M. H. A. Giles en a donné une traduction (*op. cit.*, pp. 71-72).

1) La transcription chinoise désigne ici de la manière la plus claire le Nirvâṇakâya ; la désignation ordinaire est Nirmâṇakâya ; mais la ressemblance du son et l'analogie du sens peuvent aisément faire confondre les deux expressions.

大宋國東京興教禪院僧義清師弟義璘

奉為四恩三宥送金襴袈裟一條

西天佛座上被挂訖并建石塔一

所天禧六年四月日和尚辯正大師

Inscription III

TRADUCTION (n° III)

Le religieux *I-ts'ing* et le disciple du maître, *I-lin*, de la cour du dhyâna de la Religion prospère dans la capitale orientale de l'empire des grands *Song*, s'acquittent du soin d'apporter un kaṣâya tissé d'or en reconnaissance des quatre bienfaits et des trois indulgences [1]. Après l'avoir étendu et suspendu sur le trône du Buddha de l'Inde, ils ont élevé en même temps un stûpa en pierre. Le quatrième jour du quatrième mois de la sixième année (1022), *t'ien-hi*, l'upâdhyâya *Pien-tcheng* étant grand maître.

TRADUCTION (n° IV)

Le religieux *Chao-p'in*, de la cour de la Sainteté agrandie dans la capitale orientale de l'empire des grands *Song*, a apporté un kaṣâya tissé d'or; après l'avoir étendu et suspendu sur le trône du Buddha, il a élevé en même temps un stûpa en pierre; il s'acquitte de cela pour répondre aux quatre bienfaits et aux trois indulgences. En retour de cette bonne œuvre, il souhaite se trouver aux fleurs de dragon [2]. Écrit le quatrième jour du quatrième mois de la sixième année *t'ien-hi* (1022).

大宋國東京啟聖院僧紹頻送金

襴袈裟一條佛座上被挂訖并建

石塔一所奉答四恩三宥迴斯福善

願值龍華天禧六年四月日記

Inscription IV

INSCRIPTION V

L'inscription de l'année 1033 a été découverte par le général Cunningham; elle était encastrée dans un des murs de la résidence du Mahant et se trouvait dissimulée sous une couche de chaux et d'huile sèche (*Mahâbodhi*, p. 57); le gé-

---

1) Dans cette inscription et dans la suivante, le mot *yeou* de l'expression *san yeou* doit être surmonté de la 40ᵉ clef; sans cette addition, l'expression *san yeou* signifierait « les trois mondes » et ne serait guère intelligible.

2) L'arbre aux fleurs de dragon est celui sous lequel s'assiéra le Buddha futur, Maitreya Buddha. *Chao-p'in* espère que, grâce à la bonne œuvre qu'il vient d'accomplir, il sera parmi les élus qui entendront les enseignements du maître sous l'arbre aux fleurs de dragon.

néral Cunningham n'a pas publié le texte de ce monument ; il avait dû cependant s'en procurer une copie, puisque M. H. A. Giles a pu en faire la traduction (*Mahâbodhi*, pp. 72-73). M. Foucher a remis la main sur cette inscription. Mettre la main sur l'inscription est une métaphore, car la pierre est sacrée, et nul, s'il n'est brahmane, n'a le droit d'y toucher ; il a donc fallu s'adresser à un membre de la caste pure pour la nettoyer et l'estamper ; le résultat n'a pas été très satisfaisant. Par bonheur, M. Foucher avait un appareil photographique dont le regard indiscret a su bien voir les moindres détails de la stèle intangible. D'après la photographie, nous sommes donc en mesure de donner ici pour la première fois la reproduction du texte chinois.

Dans cette inscription, un religieux chinois, du nom de *Hoai-wen* 懷間, commémore l'érection d'un stûpa auprès du trône de diamant. Ce n'est pas en son nom qu'agissait *Hoai-wen* ; il était l'agent de l'empereur de Chine et de l'impératrice douairière qui avaient voulu élever un monument en terre sainte pour le plus grand bénéfice d'un de leurs ancêtres défunts, l'empereur *T'ai-tsong*.

T'ai-tsong 太宗 avait été sur le trône de 976 à 997. Son petit-fils, *Jen-tsong* 仁宗, qui régna de 1023 à 1063, est le souverain qui ordonna la construction du stûpa. *Jen-tsong* était né en 1010 après J.-C. ; sa mère était la concubine *Li Chen* 李宸妃 ; mais il fut adopté par l'impératrice *Tchang-hien Ming-sou* 章獻明肅 (cf. *Histoire des Song*, ch. ccxlii) qui, à la mort de l'impératrice *Tchang-mou* 章穆, en l'an 1007, était devenue l'épouse principale de l'empereur *Tchen-tsong* 眞宗, père de *Jen-tsong*. Lorsque *Jen-tsong* monta sur le trône, il n'était âgé que de treize ans ; aussi sa mère par adoption exerça-t-elle le pouvoir en son nom pendant onze années : c'est ce qui nous explique pourquoi, dans cette inscription, l'impératrice douairière est mentionnée en même temps que l'empereur. L'impératrice douairière mourut en 1033, l'année même de l'érection de la stèle ; elle était âgée de soixante-cinq ans, à la manière de compter chinoise ; elle était donc née en 969. L'*Histoire des Song* (chap. IX, p. 2 v₀) cite les noms honorifiques qui furent conférés, en l'année 1024, à l'empereur et à l'impératrice douairière : 百官上尊號曰。聖文睿武仁明孝德皇帝。上皇太后尊號曰。應元崇德仁壽慈聖皇后。Ce sont exactement ces titres que nous retrouvons dans l'inscription. L'*Histoire des Song* (chap. X, p. 1 v°) rapporte encore qu'en l'année 1033 on conféra à l'empereur et à l'impératrice douairière de nouveaux noms honorifiques ; mais l'auteur de l'inscription ne put pas en avoir connaissance, car il écrivait avant cet événement.

Le religieux *Hoai-wen* lui-même n'est pas un inconnu. J'ai retrouvé son nom dans le XLVe chapitre de l'encyclopédie bouddhique intitulée *Fo tsou t'ong ki* 佛祖統紀 (publiée entre les années 1269 et 1271 ; cf. Bunyiu Nanjio, *A catalogue of the Buddhist Tripiṭaka*, n° 1661). A la date de 1031, cet ouvrage nous fournit le renseignement suivant : « Le çramaṇa *Hoai-wen* avait été précédemment en Inde pour y élever un stûpa en l'honneur de l'empereur *Tchen-tsong* à côté du trône de diamant du Buddha. Maintenant il voulut y retourner pour y élever deux nouveaux stûpas au nom de l'impératrice douairière et de l'empereur actuel ; il pria qu'on lui donnât la préface à la sainte doctrine de l'empereur défunt[1], le texte du vœu formulé par l'impératrice douairière et l'éloge des trois joyaux du saint souverain (c'est-à-dire de *Jen-tsong*), pour les graver sur pierre au bas des stûpas, et qu'on fabriquât un kaṣâya pour l'offrir à la statue de Çakya. Un décret impérial le lui accorda. En outre, on ordonna aux fonctionnaires que cela concernait d'écrire un mémoire

---

1) En 998, l'empereur *T'ai-tsong* avait composé une préface à la sainte doctrine du Tripiṭaka ; cf. *Fo tsou t'ong ki*, chap. XLIV. Les mots 先朝 désignent ici, non une *dynastie* précédente, mais un *empereur* défunt.

sur les trois voyages en Inde du çramaṇa *Hoai-wen*. »

沙門懷間嘗往天竺。爲眞宗皇帝建塔於佛
金剛座之側。今欲再往爲皇太后今上更建
二塔。乞賜先朝聖教序皇太后發願文聖上
三寶讚刊石塔下。及製袈裟奉釋迦像。詔
可。仍令詞臣撰沙門懷間三往西天記。

L'inscription découverte à Bodh-Gayâ nous permet de rectifier une inexactitude de ce texte : *Hoai-wen* n'éleva pas deux stûpas, l'un en l'honneur de l'impératrice douairière, l'autre en l'honneur de *Jen-tsong* ; il en fit un seul qui fut construit en l'honneur de *T'ai-tsong* sur l'ordre de l'impératrice douairière et de l'empereur *Jen-tsong* agissant en leur nom commun.

Le *Fo tsou t'ong ki* nous a appris la date à laquelle *Hoai-wen* partit pour son troisième pèlerinage ; le même livre nous informe de l'époque à laquelle il revint : « La deuxième année *pao-yuen* (1039), au cinquième mois, *Hoai-wen*, qui était allé trois fois en Inde, revint, avec les çramaṇas *To-tsi*, *Yong-ting* et *To-ngan*, du royaume de Magadha dans l'Inde du centre. Il apporta des reliques des os du Buddha, des textes sanscrits écrits sur feuilles de palmier, des fruits de patra, des feuilles de l'arbre de la bodhi, des feuilles de l'arbre açoka, des rosaires en fruits de [l'arbre de] la bodhi, dix-neuf exemplaires d'inscriptions de l'Inde. Il fut mandé en audience par l'empereur qui le réconforta de ses peines ; on lui conféra le titre de grand maître qui illustre la religion ; on lui donna un vêtement violet et des tissus brochés d'or. » 寶元二年五月。
三往西天懷間同沙門得濟永定得安。自
中天竺摩竭陀國還。進佛骨舍利貝葉梵經
貝多子菩提樹葉無憂樹葉菩提子念珠西
天碑十九本。召見尉勞。賜號顯教大師紫
衣金幣。

Qu'étaient ces dix-neuf inscriptions de l'Inde dont *Hoai-wen* rapporta des copies en Chine ? Nous ne le saurons sans doute jamais, et c'est grand dommage. Nous en sommes réduits à la stèle que grava *Hoai-wen* lui-même.

En voici la teneur :

TEXTE

大宋皇帝
皇太后為
太宗皇帝
建塔壹座

大宋
聖文睿武仁明孝德皇帝。
應元宗德仁壽慈聖皇太后。謹遣僧懷問詣摩伽陀
國奉為資薦
太宗至仁應道神功聖德文武睿烈大明廣孝皇帝。
於金剛座側建塔一座。
太宗皇帝伏願高步
天宮親承
佛記書證。真仙之位常居。
釋梵之尊誕錫。
基業時明道二年歲次癸酉正月十九日記。丙子刊

Inscription V

TRADUCTION

Érection d'un stûpa en l'honneur de l'empereur *T'ai-tsong* par l'empereur et l'impératrice douairière de la grande [dynastie] *Song*.

De la grande [dynastie] *Song* l'empereur saintement pacifique, sagement guerrier, bon et intelligent, pieux et vertueux, et l'impératrice douairière qui est d'accord avec le principe originel, qui honore la vertu, qui est bonne et a une longue vie, qui est bienfaisante et sainte, ont chargé avec respect le religieux *Hoai-wen* de se rendre dans le royaume de Magadha pour s'acquitter du soin d'élever un stûpa à côté du Vajrâsana en offrande à *T'ai-tsong*, l'empereur parfaitement bon, d'accord avec la raison, divinement méritant, saintement vertueux, pacifique et guerrier, perspicace et illustre, grandement intelligent, profondément pieux.

L'empereur *T'ai-tsong* désirait humblement élever ses pas jusqu'aux demeures des devas, — recevoir personnellement du Buddha les récits qui confirment les Écritures, — obtenir que la résidence des vrais saints fût pour toujours son habitation, que l'adoration de Çakra et de Brahma[1] fût sa grande récompense, que la majestueuse influence surnaturelle élevât à jamais sa dynastie.

Écrit le dix-neuvième jour du premier mois de la deuxième année *ming-tao*, l'année étant marquée des signes *koei-yeou*.

(Gravé au jour *ping-tse*.)

II

Les cinq inscriptions de Bodh-Gayâ ne sont sans doute qu'une faible partie de toutes celles que durent ériger les pèlerins chinois. Peut-être en exhumera-t-on d'autres encore. Dès maintenant certains textes nous permettent de signaler quelques-unes de celles qui existèrent autrefois.

Les plus anciennes dont j'aie trouvé mention furent gravées par *Wang Hiuen-ts'e* 王 玄 策. On connaît, grâce à la traduction que Stanislas Julien[2] a faite d'un passage de *Ma Toan-lin*, l'aventureuse carrière de ce personnage. *Wang Hiuen-ts'e* avait été chargé en 646 de se rendre en ambassade auprès du roi Harṣa Çîlâditya; il n'arriva en Inde que vers 655, au moment où ce souverain venait de mourir; repoussé par l'usurpateur *A-lo-na-choen*[3], il se retira au Tibet; le roi du Tibet, *Srony-btsan-sgam-po*, était mort depuis 650; mais ses deux femmes, la princesse chinoise *Wen-tch'eng* et la princesse népalaise fille d'Amçuvarman[4] maintenaient une étroite alliance entre le Tibet, la Chine et le Népal : aussi l'envoyé chinois put-il recruter, pour venger son affront, une armée de douze cents Tibétains et de sept mille Népalais avec

1) Çakra et Brahma sont constamment cités de compagnie dans les textes bouddhiques. Cf. *Hiuen-tsang*, trad. Stanislas Julien, tome II, pp. 470 et 487.

2) *Mélanges de géographie asiatique et de philologie sinico-indienne*, tome I, pp. 164-166. Le chapitre de *Ma Toan-lin* traduit par Stanislas Julien est le 338ᵉ du *Wen hien t'ong k'ao*.

3) Peut-être faut-il lire *A-lo-choen-na* = « Arjuna », comme l'a conjecturé M. Sylvain Lévi, *Journal asiatique*, nov.-déc. 1892, p. 337.

4) Cf. Sylvain Lévi, *Note sur la chronologie du Népal* (*Journal asiatique*, juillet-août 1894, pp. 62-64).

lesquels il triompha de tous les roitelets de la vallée du Gange. Il revint en 661 chargé de butin; il offrit à l'empereur ses captifs parmi lesquels se trouvait *A-lo-na-choen*; on put voir pendant longtemps sur la sépulture de l'empereur *T'ai-tsong* (627-649) quatorze statues en pierre représentant des princes barbares vaincus, et, sur le dos de l'une d'elles, on lisait l'inscription suivante : « *A-lo-na-choen*, roi du royaume de *Na-fou-ti*, empereur de *P'o-lo-men* » (c'est-à-dire de l'Inde ou pays des Brahmanes) 婆羅門帝那伏帝國王阿羅那順[1]。

Ce n'est pas toutefois, comme on pourrait le croire, à la suite de cette expédition militaire que *Wang Hiuen-ts'e* grava des inscriptions.

D'après le *Fo tsou t'ong ki* (佛祖統紀, encyclopédie bouddhique publiée entre 1269 et 1271), il l'avait fait précédemment, lors d'une première mission pacifique dans laquelle il accompagnait l'envoyé *Li I-piao*. A la date de la dix-septième année *tcheng-koan* (643 ap. J.-C.), cet ouvrage (chap. XXXIX) nous donne en effet le renseignement suivant : « Le *wei-wei-tch'eng Li I-piao*[2] et le *hoang-choei-ling Wang Yuen-ts'e* furent envoyés par décret impérial dans les contrées d'Occident et parcoururent plus de cent royaumes. Arrivé à la demeure de *Wei-mo* (Vimalakîrti), au nord-est de la ville de *P'i-li-ye* (Vâiçâlî)[3], [*Wang*] *Yuen-ts'e* la mesura avec sa canne; en long et en large, il trouva dix [fois la longueur de la tablette] *hou*[4]; c'est pourquoi il la surnomma *fang-*

____

1) Cf. *Kin che tsoei pien* 金石萃編, chap. CXIII, p. 35 v°, notice relative à l'inscription funéraire de *Hiuen-tsang*.

2) *Ma Toan-lin* mentionne la mission de *Li I-piao*, mais sans dire qu'il fut accompagné par *Wang Hiuen-ts'e* (cf. Stanislas Julien, *op. cit.*, p. 164).

3) *P'i-li-ye* est une faute pour *P'i-ye-li* : on trouve la transcription *P'i-ye-li* 毗耶離 dans la relation de *Ki-ye* (sur lequel, cf. Appendice II, n° II).

4) Le dictionnaire de *K'ang-hi*, au mot 笏, nous apprend que les hauts dignitaires portaient la tablette *hou* attachée au sommet de leur canne. Cette

tchang[1]. Puis il monta sur la montagne *Ki-che-kiue* (Gṛdhra-kûṭa) et y grava une inscription pour commémorer la gloire et la vertu des *T'ang*. »

敕衛尉丞李義表黃水令王元策。使西域
遊歷百餘國。至毗離邪城東北維摩室。元
策以手板量之。縱橫得十笏。因號方丈。復
登耆闍崛山。刻碑紀唐威德。

Ainsi l'inscription du Gṛdhrakûṭa aurait été élevée en 643, deux ans avant que *Hiuen-tsang* revînt en Chine, trois ans avant que *Wang Hiuen-ts'e* fût chargé de sa seconde ambassade. Nous lisons encore dans le *Pien wei lou* (辯僞錄, ouvrage de polémique bouddhique publié en 1291, chap. ii) : « Sous les *T'ang*, *Wang Hiuen-ts'e* fut envoyé en mission dans l'ouest. Il arriva dans le royaume de *Mo-kie-t'o* (Magadha) ; sur la montagne *Ki-che-kiue* (Gṛdhrakûṭa) et à l'endroit où le Buddha avait atteint la connaissance[2], dans tous ces lieux il écrivit des inscriptions pour célébrer la sainte transformation opérée par le Buddha. » 唐王玄策奉使西行。至摩竭蛇國。於耆闍崛山及佛成道處。咸述碑銘讚佛聖化。

Une note du *Pien wei lou* ajoute que le texte de ces inscriptions se trouve dans la relation que *Wang Hiuen-ts'e* écrivit de son voyage[3]. Cette relation est aujourd'hui per-

tablette devait servir à noter les ordres donnés par l'empereur. De ce texte il semble résulter qu'elle mesurait un pied de longueur à l'époque des *T'ang*.

1) Le *tchang* est une mesure de dix pieds. La chambre de Vimalakîrti était donc un carré de dix pieds de côté. *I-tsing* (*Les religieux éminents...*, trad. fr., p. 85) nous dit aussi que, dans le temple *Nâlanda*, les habitations des religieux étaient des carrés de dix pieds de côté (par inadvertance, j'ai dit dans ma traduction qu'elles avaient une superficie de dix pieds carrés). Par métaphore, l'expression 方丈 en est venue à désigner l'abbé d'un monastère ou le monastère lui-même.

2) C'est-à-dire à Bodh-Gayâ, près du Bodhidruma.

3) 上之銘識在王玄策傳中。

due[1] ; mais, puisqu'elle existait encore à la fin du XIIIᵉ siècle, on ne doit pas perdre tout espoir de la découvrir quelque jour.

A côté de ces inscriptions qui pourraient avoir un réel intérêt historique, d'autres stèles de l'époque des *T'ang* ne furent que de simples monuments élevés par la piété de pèlerins obscurs. Telle dut être celle qu'érigea le religieux chinois *Tao-hi* dans le temple Mahâbodhi. *I-tsing*, qui visita l'Inde de 673 à 685, arriva dans le temple *Mahâbodhi* peu de temps après la mort de *Tao-hi* et vit sans doute lui-même l'inscription dont il nous atteste l'existence[2].

Trois cents ans plus tard, le religieux *Fa-yu*, retournant pour la seconde fois en Inde vers 982 après J.-C., demanda à faire une inscription au nom de la Chine auprès du trône de diamant du Buddha[3].

Enfin, si *Hoai-wen* accomplit toutes les promesses qu'il fit lorsqu'il partit pour l'Inde en 1031, il dut graver des textes fort étendus au bas du stûpa qu'il édifia à Bodh-Gayâ[4].

---

1) D'après Stanislas Julien, la relation de *Wang Hiuen-ts'e* aurait compté 12 livres et aurait été intitulée 王元策中天竺行記 (*Mélanges de géographie asiatique et de philologie sinico-indienne*, pp. 164, note 1, et p. 201). — Le *Fa yuan tchou lin* cite (chap. IV, p. 35 vᵒ) un passage de la relation de *Wang Hiuen-ts'e* d'après lequel « *Wang*, ayant été envoyé en ambassade, arriva la quatrième année *hien-k'ing* (659) dans le royaume de *Po-li-che* : le roi fit donner à cinq femmes une représentation en l'honneur des Chinois 王使顯慶四年至婆栗闍國王爲漢人設五女戲 ». Cette représentation consistait en tours de prestidigitation faits par les cinq femmes. La citation du *Fa yuan tchou lin* nous atteste la réelle existence de l'ouvrage de *Wang Hiuen-tse* et assigne à l'arrivée de l'ambassadeur chinois dans le royaume énigmatique de *Po-li-che* une date (659) qui est en parfaite conformité avec ce que nous savons de l'époque à laquelle il se trouva en Inde (de 655 à 661).

2) Cf. *I-tsing* (*Les religieux éminents*..., trad. fr., p. 30) : « Il avait du talent littéraire ; il connaissait fort bien les caractères *ts'ao* et *li*. Dans le temple de la grande Intelligence (Mahâbodhi) il fit une stèle en chinois. »

3) Cf. Appendice II, nᵒ XIII.

4) Cf. plus haut, p. 24.

Par ces témoignages et par les inscriptions mêmes qui ont été retrouvées, on voit que la plupart des stèles chinoises de l'Inde ont dû être groupées auprès du temple Mahâbodhi. De tous les lieux divers où les pèlerins chinois purent laisser des traces de leur passage, Bodh-Gayâ fut en effet celui où elles devaient être le plus nombreuses. Le trône de diamant qui représentait pour la foi bouddhique le centre du monde et le siège des mille Buddhas du kalpa des sages, l'arbre de la Bodhi sous lequel le Maître avait atteint à la connaissance par excellence, la statue du Buddha, chef-d'œuvre d'un art vraisemblablement étranger à l'Inde [1], qui frappait les dévots de stupeur et d'admiration, tout contribuait à faire du lieu où s'élevaient le temple et le monastère Mahâbodhi le rendez-vous des fidèles. Des centaines de Chinois y sont accourus. Les plus célèbres d'entre eux y séjournèrent. Les biographes de *Hiuen-tsang* nous informent que, même après son retour en Chine, *Hiuen-tsang* resta en relation avec les religieux du temple Mahâbodhi [2]; une encyclopédie bouddhique nous a conservé le texte de la lettre qu'il reçut d'eux et de celle qu'il leur écrivit [3] ; ces curieux documents nous montrent que l'illustre voyageur chinois avait dû s'arrêter longtemps à Bodh-Gayâ pour y contracter des amitiés si solides qu'elles subsistaient encore plusieurs années après son départ. *I-tsing*, qui nous a laissé d'intéressantes informations sur les pèlerins ses contemporains, nous apprend en plusieurs passages que ses compatriotes étaient toujours bien accueillis dans le grand monastère : *Hiuen-tchao, Tao-hi, Hoei-ye, Hiuen-t'ai, Hiuen-k'o, Tao-cheng, Hiuen-hoei, Mokṣadeva, K'oei-tchong, Ta-tch'eng-teng, Saṅghavarman, Tao-lin* [4] y vinrent tous, et quel-

---

1) Cf. Foucher, *L'art bouddhique dans l'Inde* (*Revue de l'Histoire des Religions* t. XXX), pp. 26 à 30 du tirage à part.

2) Cf. *Hiuen-tsang*, trad. Julien, t. I, p. 319.

3) Cf. plus loin, Appendice I.

4) *I-tsing, Les religieux éminents…*, trad. fr., pp. 15, 29, 34, 35, 36, 39, 47, 65, 72, 75, 101.

ques-uns d'entre eux y résidèrent. *Tao-fang*, *Tche-hong*, neveu de l'ambassadeur *Wang Hiuen-t'se*, et *Ou-hing*[1] y furent tous trois nommés *vihârasvâmin* ou supérieurs, quoiqu'il fût très difficile à un étranger d'obtenir ce titre. *I-tsing* lui-même[2] ne manqua pas de se rendre à Bodh-Gayâ ; dans le récit qu'il nous fait de sa visite, on voit qu'il regardait le trône de diamant comme le but suprême de son pèlerinage.

III

Les inscriptions chinoises trouvées à Bodh-Gayâ furent érigées, l'une par des religieux de la petite dynastie *Han* qui ne purent guère revenir en Chine qu'au commencement des *Song*, et les quatre autres par des religieux qui vivaient sous les règnes du troisième et du quatrième empereur *Song*. Elles attestent ainsi qu'il y eut pour le bouddhisme chinois une ère de prospérité de la seconde moitié du xe jusque vers le milieu du xie siècle. Nous avons cherché à confirmer et à compléter ce témoignage au moyen d'une série de textes que nous avons groupés à la fin de cet article[3]. A vrai dire, ces textes sont moins nombreux et plus succincts qu'on n'aurait pu l'espérer ; autant en effet les renseignements sont abondants pour les bouddhistes de l'époque des *T'ang*, autant ils sont rares pour ceux de l'époque des *Song*. Les biographies de religieux écrites sous les *Song*[4] ne traitent, dans la section relative aux traducteurs et pèlerins, que de religieux antérieurs aux *Song* ; nous en avons été réduits à glaner les indications éparses dans l'encyclopédie intitulée *Fo tsou t'ong ki* et les données que nous fournissent les pages qui traitent de l'Inde dans l'histoire des *Song*. Quelque brèves et clairsemées que soient ces notions, elles sont suf-

1) *I-tsing, op. cit.,* pp. 38 et 145.
2) *I-tsing, op. cit.,* p. 124,
3) Cf. Appendice II.
4) *Song kao seng tchoan.*

fisantes cependant pour qu'on puisse se faire une idée assez exacte de l'ampleur et de la durée du mouvement religienx qui signala les premiers temps de la dynastie *Song*.

Les pèlerins chinois qui se rendirent alors en Inde furent nombreux. Les *Song* étaient au pouvoir depuis cinq ans à peine (964) que trois cents religieux se mettaient en route pour la terre sainte ; ils restèrent douze ans en voyage ; l'un d'eux, nommé *Ki-ye*, nous a laissé une courte relation de leurs pérégrinations. L'année qui suivit leur départ, le religieux *Tao-yuen* revenait des contrées d'Occident, après une absence de dix-huit années. En 966, cent cinquante-sept personnes, parmi lesquelles se trouvait un certain *Hing K'in*, répondirent à un appel de l'empereur qui voulait envoyer une mission en Inde. En 978, on voit revenir *Ki-ts'ong* et ses compagnons ; en 982, *Koang-yuen* ; en 983, *Fa-yu*, qui repart presque aussitôt ; entre 984 et 987, *Ts'e-hoan* ; en 989 (990 ?), *Tch'ong-ta*, qui était resté dix ans loin de sa patrie. Enfin, en 1031, *Hoai-wen*, qui, à deux reprises déjà était allé en Inde, y retourne une troisième fois ; il n'en revient qu'en 1039, et c'est au cours de ce voyage qu'il grave en 1033 la stèle aujourd'hui conservée dans la résidence du Mahant de Bodh-Gayâ.

A côté de ces hommes, il y en eut sans doute plusieurs dont les historiens ont négligé de nous conserver le souvenir. Aucun des auteurs des inscriptions de 1022 n'est mentionné ni dans le *Fo tsou t'ong ki* ni dans l'histoire des *Song* ; si ceux-là furent oubliés, combien d'autres durent avoir le même sort ! Nous savons, en outre, qu'il se trouvait à la cour de Chine en 982 plusieurs çramaṇas chinois qui comprenaient le sanscrit[1] ; il est probable qu'ils avaient été étudier en Inde et qu'il faut ajouter leurs noms sur la liste des pèlerins.

Un fait qui mérite d'être signalé, c'est que bon nombre de ces religieux ne voyageaient pas en simples particuliers.

1) Cf. Appendice II, n° X.

Plusieurs d'entre eux étaient chargés de missions quasi officielles par l'empereur. Les cent cinquante-sept personnes qui partirent en 966 furent munies de lettres-patentes ordonnant à tous les princes de l'Asie centrale et de l'Inde du nord de leur fournir des guides; de même, *Fa-yu*, qui, vers 983, devait suivre la voie de mer en passant par Sumatra, reçut des lettres de créance pour les principaux royaumes de la grande île. Arrivés en Inde, les pèlerins avaient souvent à s'acquitter de certains devoirs religieux au nom de leur souverain : *Koang-yuen*, revenu en 982, put prouver par une lettre d'un prince hindou qu'il avait offert au Buddha du trône de diamant un kaṣâya de la part de l'empereur[1]; *Hoai-wen* agissait sur l'ordre exprès de *Jen-tsong* et de l'impératrice douairière lorsqu'il construisait en 1033 une pagode à Bodh-Gayâ; le religieux hindou *Kio-kie*, qui était arrivé en Chine en 1010, reçut par décret impérial un kaṣâya tissé d'or pour le présenter au trône de diamant[2]. On ne voit point qu'à l'époque des *T'ang* les Fils du Ciel aient confié aux pèlerins de semblables mandats; les premiers empereurs *Song* furent les seuls à mettre ainsi les religieux au service de leur dévotion personnelle.

Tandis que les bouddhistes chinois se portaient vers les lieux consacrés par la vénération des croyants, les Hindous à leur tour affluaient à la cour de Chine où ils étaient assurés de recevoir un accueil empressé. On a peut-être trop méconnu jusqu'ici le rôle considérable que jouèrent les Hindous dans la propagation de leur foi. L'intérêt qu'ont excité les pèlerins chinois a rejeté dans l'ombre les travaux accomplis par leurs coreligionnaires de l'Inde. En réalité, la traduction en chinois des textes du Tripiṭaka est autant l'œuvre des uns que des autres. Ce n'est pas seulement à l'époque des *T'ang* qu'on peut constater la venue de ces étrangers; au xe et au xie siècles le bouddhisme est encore assez florissant dans son pays

1) Cf. Appendice II, nº XI.
2) Cf. Appendice II, nº XXIII.

d'origine pour envoyer au dehors des missionnaires qui vont prêcher la bonne loi ; ce fut peut-être alors le dernier rayonnement d'un foyer près de s'éteindre ; mais encore est-il que la flamme divine brûlait toujours et qu'elle faisait sentir sa vivifiante influence jusque dans la Chine septentrionale. En 972 arrivent à *Tch'ang-ngan* les çramaṇas *K'o-tche*, *Fa-kien*, *Tchen-li*, *Sou-ko-t'o* et quatorze autres religieux de l'Inde de l'ouest ; en 973, l'empereur reçoit avec de grands honneurs un çramaṇa du temple Nâlanda, *Fa-t'ien*, qui prit en 982 le nom de *Fa-hien* et qui demeura en Chine jusqu'à sa mort survenue en 1001. En 971, Mañjuçrî, fils d'un roi de l'Inde de l'ouest, et, en 977, *Ki-siang*, çramaṇa de l'Inde de l'ouest, s'établissent également à la capitale et y restent un temps plus ou moins long. En 980, on signale la venue de *T'ien-si-tsai*, originaire du Cachemire, de *Che-hou*, originaire de l'Udyâna, et de *Hou-lo*, çramaṇa de l'Inde du centre ; l'empereur *T'ai-tsong* conçut alors le projet d'entreprendre de nouvelles traductions de textes sacrés et de continuer l'œuvre qui se trouvait interrompue depuis près de deux siècles[1] ; il

---

1) Dans la préface au catalogue intitulé *Ta ts'ang cheng kiao fa pao piao mou* (cf. Bunyiu Nanjio, *Catalogue...*, n° 1611), on lit : « De la 10° année *yong-p'ing* de l'empereur *Ming* des *Han* postérieurs, l'année étant marquée des signes *ou-tch'en* (67 ap. J.-C.), jusqu'à la 18° année *k'ai-yuen* de *Hiuen-tsong* de la dynastie *T'ang*, l'année étant marquée des signes *keng-ou* (730), il y eut en tout 19 générations et 663 années ; pendant ce laps de temps les traducteurs furent au nombre de 176 personnes, tant laïques que religieux ; les textes du Tripiṭaka du grand et du petit véhicule qu'ils publièrent formèrent un nombre total de 968 ouvrages et de 4507 chapitres. — De la 18° année *k'ai-yuen* des *T'ang*, l'année étant marquée des signes *keng-ou* (730) jusqu'à la 5° année *tcheng-yuen* de *Té-tsong*, l'année étant marquée des signes *ki-sè* (789), il s'écoula 60 années ; pendant ce laps de temps, il y eut huit traducteurs du Tripiṭaka, et, en fait de sûtras et de çâstras du grand véhicule, ainsi que de méthodes de récitation, 127 ouvrages en 242 chapitres. — De la cinquième année *tcheng-yuen* des *T'ang*, l'année étant marquée des signes *ki-se* (789), jusqu'à la septième année *hing-kouo* de *T'ai-tsong* de la dynastie *Song*, l'année étant dans les signes *jen-ou* (982), *il s'écoula 193 années pendant lesquelles il n'y eut aucun traducteur*. En cette année *jen-ou* (982), on institua la cour de traduction ; de cette époque, jusqu'à la quatrième année *ta-tchong-siang-fou* de *Tchen-tsong*, l'année étant marquée des signes *sin-hai* (1011), il s'écoula vingt-neuf années, pendant lesquelles il y eut six traducteurs du Tripiṭaka qui publièrent 201 ouvrages en

fonda en 982 une cour de traduction à la tête de laquelle il mit les trois Hindous *Fu-t'ien*, *T'ien-si-tsai* et *Che-hou* ; c'est vraisemblablement à leur activité qu'on doit la plupart des 201 ouvrages dont s'enrichit le Tripiṭaka chinois pendant les dix-neuf années qui suivirent (982-1011). Les textes sanscrits sur lesquels ils travaillaient paraissent avoir été nombreux ; si l'on en croit le *Fo tsou t'ong ki*, presque tous les pèlerins qui arrivaient ou qui revenaient en Chine apportaient avec eux quelque sûtra sanscrit sur feuilles de palmier ; il est donc possible qu'on découvre un jour au fond des couvents du *Chen-si* certains de ces manuscrits dont nous ne possédons plus que la version chinoise. L'institution de la cour de traduction et le redoublement d'intérêt que l'empereur manifestait pour les études sanscrites ne furent pas sans attirer en Chine de nombreux Hindous ; on les voit arriver en foule ; ce sont : entre 984 et 987, *Yong-che* ; en 989, *Pou-t'o-k'i-to*, çramaṇa du temple Nâlanda ; en 995, *Kia-lo-chen-ti*, de l'Inde du centre ; en 999, *Ni-wei-ni*, de l'Inde du centre, et *Fo-hou*, de l'Inde de l'ouest ; en 1004, *Fa-hou*, de l'Inde de l'ouest, et *Kie-hien* de l'Inde du nord ; en 1005, *Mou-lo-che-ki*, du Cachemire, et *Ta-mo-po*, de l'Inde de l'ouest ; en 1010, *Tchong-té*, de l'Inde de l'ouest, et *Kio-kie*, de l'Inde du centre ; en 1011, *Tsi-hien*, du royaume de *Pan-ni* ; en 1013, *Tche-hien*, de l'Inde de l'ouest ; en 1016, *T'ien-kio*, de l'Udyâna, *Miao-té*, de Ceylan, *T'ong-cheou*, de l'Inde du centre, *P'ou-tsi*, du royaume de Varendra dans l'Inde de l'est, et tant d'autres avec eux que l'au-

---

384 chapitres des textes saints du Tripiṭaka. De la quatrième année *king-yeou* de *Jen-tsong*, l'année étant marquée des signes *ting-tch'eou* (1037), jusqu'à maintenant, vingt-deuxième année *tche-yuen* de la sainte dynastie des grands *Yuen*, l'année étant marquée des signes *i-yeou* (1285), il s'est écoulé 254 années pendant lesquelles il y a eu quatre traducteurs du Tripiṭaka qui ont publié 20 ouvrages en 115 chapitres des textes sacrés du Tripiṭaka. » — On remarquera que, de l'année 1037 à l'année 1285, il s'est écoulé 248 années, et non 254, comme il est dit ici. Nous ne pouvons cependant pas supposer une faute d'impression, car la même assertion se trouve répétée dans la préface au *Tche-yuen fa pao k'an t'ong tsong lou* (Bunyiu Nanjio, *Catalogue...*, nᵒ 1612). Je ne m'explique pas d'où peut provenir cette erreur répétée deux fois.

teur du *Fo tsou t'ong ki* déclare que jamais il n'y eut autant de religieux hindous à la cour. Puis ce sont, en 1024, *Ngai-hien-tche*, *Sin-hou* et leurs compagnons de l'Inde de l'ouest; en 1027, cinq religieux, parmi lesquels *Fa-ki-siang*; en 1036, *Chan-tch'eng* et huit autres çramaṇas.

Cependant cette ère de prospérité allait brusquement prendre fin. L'histoire des *Song* termine sa notice sur l'Inde à l'année 1036, quoique la dynastie *Song* ait subsisté pendant encore près de deux siècles et demi; si le chroniqueur s'interrompt, c'est sans doute parce qu'il n'a plus rien à dire et qu'à partir de l'année 1036 les relations cessent entre l'Inde et la Chine. L'examen du *Fo tsou t'ong ki* suggère une conclusion analogue; cette encyclopédie mentionne l'arrivée, en 1053, de *Tche-ki-siang*, çramaṇa de l'Inde de l'ouest; mais, après cette date, elle ne cite plus aucun pèlerin chinois ni aucun missionnaire hindou. Enfin, une troisième considération nous révèle la grave atteinte que subit vers le milieu du xıᵉ siècle le bouddhisme en Chine : en 1021, on comptait dans l'empire 397.615 religieux et 61.240 religieuses; en 1034, on évalue encore les religieux à 385.520 et les religieuses à 48.740; mais, en 1068, il n'y a plus que 220.660 religieux et 34.030 religieuses[1].

Si l'on recherche quelles furent les causes de ce revirement de fortune, on n'en trouve pas de très apparentes. Le bouddhisme ne fut point persécuté en Chine au xıᵉ siècle; on ne porta contre lui aucun de ces édits de proscription qui, à d'autres époques, ont arrêté son essor. Mais, pour être sourdes et cachées, les influences qui le minèrent alors n'en furent pas moins puissantes. Si le bouddhisme succomba, ce ne fut pas devant des ennemis qui se servaient d'armes temporelles; c'est dans un conflit d'idées qu'il se trouva vaincu. Dans la seconde moitié du xıᵉ siècle, en effet, se dessina le grand mouvement offensif du rationalisme lettré qui devait être

---

1) *Fo tsou t'ong ki*, chap. xlıv, cinquième année *t'ien-hi*, — chap. xlv, première année *king-yeou*, — et première année *hi-ning*.

une réaction intransigeante contre tous les principes venus
de l'étranger; *Han K'i* 韓琦 (1008-1075), l'illustre historien *Se-ma Koang* 司馬光 (1009-1086), *Tch'eng Hao*
程顥 (1032-1085) et son frère *Tch'eng I* 程頤 (1033-
1107), puis, au xiiᵉ siècle, le célèbre commentateur et phi-
losophe *Tchou Hi* 朱熹 (1130-1200), en un mot toutes les
gloires de cette forte école qui fut comme la scolastique du
confucianisme, battirent en brèche sans trêve ni merci les
croyances bouddhistes. Quand on voit combien l'esprit de la
classe cultivée en Chine est, aujourd'hui encore, imbu des
doctrines que professèrent les lettrés de l'époque des *Song*,
on comprend quelle immense autorité ils durent avoir de leur
vivant, et on ne s'étonne plus que le bouddhisme ait été in-
capable de résister à de si rudes assaillants.

Vers le même temps, le bouddhisme passait en Inde par
une crise plus grave encore, puisqu'elle devait avoir un dé-
nouement fatal. L'invasion musulmane n'en est peut-être
pas la cause immédiate; les conquêtes de Mahmoud le
Ghaznévide (1001-1030) coïncident au contraire avec l'époque
à laquelle les religieux errants furent le plus nombreux
entre l'Inde et la Chine. D'une manière indirecte cependant,
l'islam put avoir quelque influence sur les destinées du bouddhisme. En empêchant en effet la constitution de puissantes
dynasties indigènes dans le nord et le centre de l'Inde, il lui
enleva ses protecteurs attitrés qui, pendant tant de siècles,
l'avaient soutenu de leurs dons princiers et encouragé par
leurs édits bienveillants : sans doute on pourra trouver au
xiiᵉ siècle un Açoka-balla, roi de Sapâdalaksa‘, et un Vidyâdhara, fils d'un conseiller de Gopâla, roi de Gâdhipura ², qui

---

1) Les trois inscriptions d'Açoka-balla sont datées des années 1157, 1175 et
1180 de notre ère. Cf. Cunningham, *Mahâbodhi*, pp. 78-81.

2) On a longtemps cru par erreur que l'inscription de Vidyâdhara avait été
gravée en 1276 samvat (= 1219 de notre ère); cette date ne laissait pas que de
surprendre, puisque Gâdhipura paraît être identique à Kanyâkubja, laquelle
fut prise par les mahométans en 1193; on s'étonnait donc que le bouddhisme

feront encore des professions de foi bouddhique, mais ce sont là des exceptions sans importance ; en fait, les Pâla, qui disparaissent dès le commencement du xie siècle, sont les derniers grands souverains bouddhistes qui aient régné dans le bassin inférieur du Gange. De plus en plus, le bouddhisme fut abandonné à ses propres forces. Pour une religion jeune et ardente, la séparation d'avec le pouvoir séculier peut devenir le signal d'une ère de rénovation ; pour un culte déjà vieux, qui n'est plus qu'une institution vénérable de l'État, c'est la ruine. Tel fut le cas pour le bouddhisme. Privé de l'appui des rois, dénué de vitalité intérieure, il entre vers le milieu du xie siècle dans cette longue et lamentable décadence où graduellement il devait s'effacer pour laisser reparaître l'antique organisation sociale des brahmanes.

En cherchant à replacer les inscriptions de Bodh-Gayâ dans les conditions historiques où elles ont pris naissance, nous avons été amenés à signaler l'existence, à la fin du xe et au commencement du xie siècle, d'une période pendant laquelle les relations religieuses entre l'Inde et la Chine furent en recrudescence. On connaissait bien le grand mouvement de propagande bouddhique dont le complet épanouissement se produisit au viie siècle avec *Hiuen-tsang* et *I-tsing* ; on n'avait guère fait attention jusqu'ici au réveil de la foi qui eut lieu trois cents ans plus tard. Pour qui le considère de haut, les voyages des pèlerins bouddhiques tiennent une place importante dans l'histoire intellectuelle de l'humanité ; les çramaṇas obscurs dont les noms seuls ont surnagé jusqu'à nous, et ceux plus nombreux encore qui resteront oubliés à jamais, accomplirent une œuvre noble et haute, car ils mirent en contact deux civilisations par ce qu'elles avaient

eût pu subsister après la conquête musulmane. Mais M. Kielhorn a montré récemment que la date avait été mal déchiffrée, et qu'il fallait lire 1176 samvat (= 1119 de notre ère). Cf. Kielhorn, *A Buddhist stone inscription from Sravasti of (vikrama-) samvat 1276,* ap. *Indian Antiquary,* 1888, XVII, p. 61, et un second article de M. Kielhorn rectifiant la date, dans *Indian Antiquary,* XXIV, p. 176 ; cf. aussi Führer, *The Sharqui architecture of Jampur* (1889), pp. 70-73, et Hoey, *Journal of the Asiatic Society of Bengal,* vol. LXI, p. 1.

de meilleur et de plus désintéressé. Emportés par un de ces irrésistibles courants qui, à de certaines époques, remuent et soulèvent les foules inconscientes, ils franchissent les larges fleuves et les montagnes neigeuses, les déserts et les mers, et, renversant les barrières élevées par les haines de races, ils réunissent dans une intime communion de pensée les âmes des peuples. Il était intéressant de suivre jusqu'en sa dernière phase ce choc pacifique de deux mondes.

Avant d'être éclipsé par les doctrines des lettrés chinois, avant de s'éteindre graduellement en Inde, le bouddhisme avait donc une fois encore inspiré d'un même zèle pieux les deux plus vastes agglomérations d'hommes qui soient sur la terre. Malgré les germes latents qui déjà travaillaient à sa dissolution, il avait de nouveau fait éclore, des bords du *Hoang-ho* jusqu'aux rives du Gange, la fleur sacrée de l'enthousiasme. Quoique à son déclin, il semblait reprendre vie ; c'est dans un suprême rayonnement de gloire que commence le crépuscule de ses dieux. Les stèles de Bodh-Gayâ sont les vestiges de cette splendeur finale ; érigées pour célébrer la puissance et la majesté du bouddhisme, elles sont devenues les pierres tombales sous lesquelles gît ensevelie la religion qu'elles croyaient éternelle.

APPENDICE I

(*Fo tsou li tai t'ong tsai* 佛祖歷代通載 , chap. xiv.)

La cinquième année [*yong-hoei*] (654 ap. J.-C.), un religieux fut envoyé du temple Mahâbodhi du pays de l'Inde centrale pour apporter au maître de la loi *Hiuen-tsang* une lettre et pour lui offrir en même temps des objets de ce pays. Le texte de la lettre était ainsi conçu :

« Celui qu'entoure l'assemblée des hommes de grande science au temple Mahâbodhi, à côté du trône de diamant du merveilleux et bienheureux Bhagavat, le sthavira *Hoei-t'ien*[1] envoie une lettre dans le

---

1) St. Julien (*Vie de Hiuen-tsang*, p. 319) croit que *Hoei-t'ien* est la traduction

royaume de Mahâtchena [1] à Moksa-âcârya [2], qui connaît à fond et qui pénètre très bien des sûtras, des [textes du] vinaya et des çâstras innombrables. Il lui souhaite avec respect d'avoir à jamais peu de maladie et peu de peine. Moi, le bhikṣu *Hoei-t'ien*, j'ai maintenant composé un éloge des grandes transformations divines du Buddha, et [un traité sur] la connaissance de la mesure comparée des sûtras et des çâstras, etc. ; je les remets au bhikṣu *Fa-tch'ang* qui vous les apportera. Parmi nous, l'âcârya, aux nombreuses connaissances sans limites, vénérable et de grande vertu (*bhadanta*), *Tche-koang* [3] (Jñânaprabha), se joint à moi pour venir vous demander de vos nouvelles. Les upâsakas tous les jours continuent à vous adresser leurs prosternations et leurs salutations [4]. Maintenant, tous ensemble nous vous envoyons une paire de pièces

du nom sanscrit *Prajñâdeva*. Mais cela supposerait que le mot *hoei* est écrit 慧 ; or nous avons ici le mot 惠. « *Hoei-t'ien*, lisons-nous dans la *Vie de Hiuen-tsang* (p. 319), connaissait à fond les dix-huit écoles du petit véhicule ; son savoir profond et sa vertu éminente lui avaient également concilié l'estime universelle. » A l'époque où *Hiuen-tsang* était en Inde, il avait eu l'occasion de défendre les doctrines du Mahâyana contre ce partisan du Hînayâna, mais ces polémiques courtoises n'avaient point diminué l'estime et la sympathie qu'ils avaient l'un pour l'autre.

1) Une note qui se trouve dans le mémoire de *I-tsing* sur les religieux éminents (p. 55, n. 3 *ad fin.*, de la trad. française) nous apprend que les Hindous donnaient le nom de *Tche-na* à Canton et celui de *Mahâ Tche-na* à la capitale, c'est-à-dire à *Tch'ang-ngan* (auj. *Si-ngan-fou*). Les auteurs musulmans appellent au contraire *Chin* la Chine du nord et *Machin* la Chine du sud.

2) *Mokṣa âcârya* ou *Mokṣa deva* est le nom qui fut donné à *Hiuen-tsang* par les religieux du Hînayâna. Cf. *Vie de Hiuen-tsang*, p. 248.

3) *Tche-koang* (Jñânaprabha) était le plus célèbre disciple de l'illustre *Kie-hien* (Çîlabhadra). Cf. *Vie de Hiuen-tsang*, p. 319. Au temps où *Hiuen-tsang* était en Inde, lorsque le roi Çîlâditya avait écrit au temple Nâlanda pour faire venir des religieux dans son royaume, le supérieur de ce temple, qui n'était autre que *Kie-hien* (Çîlabhadra), avait d'abord choisi, pour remplir cette mission, quatre religieux au nombre desquels se trouvaient *Hiuen-tsang* et *Tche-koang*. Cf. *Vie de Hiuen-tsang*, p. 222.

4) Cette expression est fréquente dans le style bouddhiste ; on la retrouve, par exemple, dans le texte d'un vœu fait en 607 par l'empereur *Yang* de la dynastie *Soei* (*Fo tsou t'ong ki*, ch. xxxix) : 稽首和南十方諸佛 « je me prosterne devant tous les Buddhas des dix régions et je les salue ». Sur l'expression 和南, abréviation de 和掌南無, cf. Watters, *Essays on the Chinese language*, p. 462.

d'étoffe blanche pour vous montrer que nos cœurs ne sont pas oublieux :
la route est longue ; ne tenez point compte de la petitesse de ce présent ;
nous désirons que vous l'acceptiez. Pour ce qui est des sûtras et des
çâstras qui vous sont nécessaires, quand la liste nous en sera parvenue,
nous vous les copierons et vous les enverrons. Voilà, Mokṣa-âcârya, ce
que nous désirons que vous sachiez. »

Quand *Fa-tch'ang* prit congé pour s'en retourner [*Hiuen-*]*tsang* écrivit une réponse au vénérable *T'che-koang* (Jñânaprabha) ; cette lettre
était conçue à peu près en ces termes : « Ces dernières années, un envoyé est revenu et j'ai appris que le grand maître *Tcheng-fa-tsang*[1] avait
cessé de vivre. En apprenant cette nouvelle, j'ai été accablé d'une dou-
leur à laquelle je ne pouvais mettre fin. Hélas ! la barque de cette mer de
souffrance a sombré ; l'œil des hommes et des devas s'est éteint. L'afflic-
tion que nous cause sa disparition, comment pourrait-on l'exprimer ?
Autrefois, quand la Grande Intelligence cacha son éclat, *Kia-ye* (Kâçyapa) continua et magnifia sa grande œuvre ; lorsque *Chang-na* (Çaṇavâsa)
eut quitté ce monde, *Kiu-to* (Upagupta)[2] mit en lumière sa belle règle ;
maintenant qu'un général de la Loi est retourné au vrai lieu, que les
maîtres de la Loi s'acquittent à leur tour de sa tâche. Mon unique désir
est que les explications pures et les discussions subtiles s'épandent en
flots vastes comme ceux des quatre mers, que la bienheureuse science et
la belle majesté soient éternelles comme les cinq montagnes. — Des
sûtras et des çâstras que moi, *Hiuen-tsang*, j'avais pris, j'ai déjà traduit
le *Yu-kia che ti luen* (Yogâcâryabhûmi-çâstra-kârikâ), etc., en tout une
trentaine d'ouvrages grands et petits. — En ce moment, le Fils du Ciel
de la grande dynastie *T'ang*, par sa sainteté personnelle et ses dix mille
félicités guide le pays et donne le calme au peuple : avec l'affection d'un
cakrarâja, il étend au loin la transformation qu'étend un dharmarâja.
Pour ce qui a été publié de sûtras et de çâstras, nous avons obtenu la
faveur d'une préface composée par le divin pinceau[3] ; les fonctionnaires

---

1) *Tcheng-fa-tsang* est le surnom qui avait été donné à *Kie-hien* (Çîlabhadra) ;
cf. *Vie de Hiuen-tsang*, p. 144. Ce Çîlabhadra, qui était à la tête du temple
Nâlanda au moment où *Hiuen-tsang* se trouvait en Inde, paraît avoir joué un
grand rôle dans la vie du pèlerin chinois ; cf. *Vie de Hiuen-tsang*, pp. 144-147,
211, 217, 221-223 et 233-235. C'est auprès de Çîlabhadra que *Hiuen-tsang* s'i-
nitia à la doctrine du Yoga.

2) Kâçyapa, Çaṇavâsa et Upagupta sont le premier, le troisième et le quatrième des patriarches.

3) Cf. *Vie de Hiuen-tsang*, p. 306-307.

que cela concerne ont reçu l'ordre de répandre ce texte dans tout le royaume; même les pays voisins le recevront tous, en exécution de cet ordre. Quoique nous soyons à la fin de la dernière période des images [1], cependant l'éclatante gloire de la loi de la religion est très douce et très parfaite; elle n'est point différente de ce qu'était la transformation à *Che-lo-fa* (Çrâvastî) et dans le jardin de *Che-to* (Jetavana). — Voici ce que je désire humblement vous faire savoir : en versant dans le *Sin-tou* (Sindh) [2], j'ai perdu une charge de livres sacrés; maintenant j'en écris la liste à la suite [de cette lettre]. Si vous en avez l'occasion, je vous prie de me les faire parvenir. Ci-joint quelques menus objets que je vous envoie comme offrande, en désirant que vous veuilliez bien les accepter. »

APPENDICE II

N. B. — La lettre A désigne les passages tirés de l'encyclopédie *Fo tsou t'ong ki*. La lettre B désigne les passages tirés du chapitre 490 de l'histoire des *Song*; ces derniers textes, ayant été reproduits par *Ma Toan-lin* dans le 338ᵉ chapitre du *Wen hien t'ong k'ao*, ont été traduits par Stanislas Julien (*Mélanges de géographie asiatique...*, pp. 169-178); mais nous avons dû souvent nous écarter du sens adopté par Julien.

I

A, chap. XLIII. « Troisième année [*k'ien-té*] (965 ap. J.-C.): le çramaṇa *Tao-yuen* 道圓, de l'arrondissement de *Ts'ang* 滄 , avait voyagé dans les cinq Indes et dix-huit années s'étaient écoulées entre son départ et son retour. Puis il revint, en compagnie de l'envoyé de *Yu-t'ien* 于闐 (Khoten) et arriva à la capitale. Il présenta des reliques du Buddha et des textes sanscrits écrits sur feuilles de palmier... »

B. « La troisième année *k'ien-té* (965 ap. J.-C.), le religieux *Tao-yuen*, de l'arrondissement de *Ts'ang*, revint des contrées occidentales. Il s'était procuré une relique du Buddha, des vases en cristal de roche et quarante cahiers de textes sanscrits écrits sur feuilles de palmier; il vint

---

1) Une prédiction avait annoncé que, lorsque les deux statues d'Avalokiteçvara, près du trône de diamant, se seraient complètement enfoncées dans la terre, la religion bouddhique s'éteindrait. L'une de ces statues, dit *Hiuen-tsang*, est déjà enfoncée jusqu'à la poitrine; la fin de la religion semble donc proche. Cf. *Vie de Hiuen-tsang*, p. 141 et p. 142, n. 1.

2) Cf. *Vie de Hiuen-tsang*, p. 263.

les offrir [à l'empereur]. *Tao-yuen* était parti pour les contrées occidentales pendant la période *t'ien-fou* (936-943) des *T'sin* 晉 ; il était resté
douze ans en route et était demeuré six ans en tout dans les cinq Indes
五 印 度 ; les cinq Indes ne sont autres que le *T'ien-tchou*
天 竺. A son retour, il passa par *Yu-t'ien* (Khoten) ; il arriva [à la
capitale de la Chine] en compagnie de l'envoyé de ce pays. *T'ai-tsou*
(960-975) le fit appeler et l'interrogea sur les mœurs, les montagnes,
les cours d'eau, les itinéraires des contrées qu'il avait parcourues; il décrivit tout cela point par point. »

Ces textes présentent une difficulté, car, de la période *t'ien-fou* (936-
943) des *T'sin* jusqu'à l'année 965, il s'est écoulé plus de dix-huit années.
Peut-être faut-il lire : « pendant la période *t'ien-fou* des *Han* ». En
effet, le premier empereur de la dynastie des *Han* postérieurs appela
douzième année *t'ien-han* la première année de son règne effectif; la
période *t'ien-fou* des *Han* correspond donc exactement à l'année 947. —
Tao-yuen dut se trouver en Inde presque en même temps que les auteurs de l'inscription n° 1.

II

De 964 à 976, voyages en Inde de trois cents çramaṇas ; l'un d'eux,
Ki-ye 繼 業 , a écrit une courte relation qui nous a été conservée
par *Fan Tch'eng-ta* 范 成 大 , dans le premier chapitre de son ouvrage intitulé *Ou tch'oan ıou* 吳 船 錄 (fin du xii° siècle). On trouvera le *Ou tch'oan lou* dans la XVIII° section du *Tche pou tsou tchai
ts'ong chou* 知 不 足 齋 叢 書 (tomé XXXV de l'édition de
la Bibliothèque nationale, nouveau fonds chinois, n° 912), et c'est là que
Ma T'oan-lin a recueilli le récit de *Ki-ye* pour l'insérer dans le 338° chapitre du *Wen hien t'ong k'ao*. La relation de ce pèlerin bouddhiste a
été traduite en anglais par M. Schlegel, sous le titre de : *Itinerary to the
Western Countries of Wang-nieh in A. D. 964* (*Mémoires du Comité
sinico-japonais*, XXI, 1893, pp. 35-64). Je ne crois pas que M. Schlegel
ait eu raison d'appeler *Wang-nieh* l'auteur qu'il a traduit : sans doute,
ce religieux avait pour nom de famille *Wang*, et, d'autre part, dans la
relation il est toujours désigné sous le nom de *Ye* ; mais il ne s'ensuit
pas que *Ye* soit son nom personnel; *Ki-ye* est appelé *Ye*, de même que
Hiuen-tsang est souvent appelé *Tsang* (cf. plus haut, p. 42, ligne 7,

et de nombreux passages du *Fo tsou t'ong ki*). Dire que ce personnage s'appelait *Wang Ye*, c'est comme si l'on prétendait que *Hiuen-tsang*, parce qu'il avait pour nom de famille *Tch'en*, doit être appelé *Tch'en Tsang*, ou que *Fa-hien*, parce qu'il avait pour nom de famille *Kong*, doit être appelé *Kong Hien*. Si le texte de *Ma Toan-lin* n'indique pas expressément le nom de *Ki-ye*, cela provient d'une des innombrables fautes d'impression ou de rédaction dont s'est rendu coupable cet encyclopédiste trop vanté. Qu'on se reporte au texte original du *Ou tch'oan lou*, on y lira ceci : 此 寺 即 繼 業 三 藏 所 作。業 姓 王 氏。 « Ce temple, c'est le [maître du] Tripiṭaka *Ki-ye* qui l'a construit; [*Ki-*]*ye* avait pour nom de famille *Wang*. » Il faut donc maintenir le nom de *Ki-ye* que Stanislas Julien donnait à ce religieux (*Mélanges de géographie asiatique*, p. 192).

III

A, chap. XLIII : « La quatrième année [*k'ien-té*] (966 ap. J.-C.), un décret impérial annonça que, puisque les régions de *Ts'in* 秦 (auj. préfecture secondaire de *Ts'in*, province de *Kan-sou*) et de *Leang* 涼 (auj. préfecture de *Leang-tcheou*, province de *Kan-sou*) étaient ouvertes, on pouvait envoyer des religieux en Inde pour y chercher la loi. En ce temps, cent cinquante-sept hommes, parmi lesquels le çramaṇa *Hing-k'in* 行 勤, répondirent au décret. Pour tous les pays qu'ils allaient traverser, à savoir ceux de *Yen-k'i* 焉 耆 (Harachar), *K'ieou-tse* 龜 茲 (Kutche), *Kia-mi-lo* 迦 彌 羅 (Cachemire), etc., [l'empereur] leur remit des lettres-patentes ordonnant qu'il leur fût fourni des hommes pour les guider; en outre, à chacun d'eux on donna trente mille sapèques pour la route. »

B. « La quatrième année [*k'ien-té*] (966 ap. J.-C.), cent cinquante-sept hommes, parmi lesquels le religieux *Hing-k'iuen* 行 勸, allèrent au palais et déclarèrent à l'empereur qu'ils désiraient se rendre dans les contrées d'Occident pour y chercher des livres bouddhiques; ils y furent autorisés. Pour tous les pays qu'ils traverseraient, à savoir les arrondissements de *Kan* 甘, *Cha* 沙, *I* 伊, *Sou* 肅, etc., et les royaumes de *Yen-k'i* (Harachar), *K'ieou-tse* (Kutche), *Yu-t'ien* (Khoten), *Ko-lou*

割祿 (*Kotl* ou *Kotlân* des écrivains musulmans?), etc., et, plus loin encore, les royaumes de *Pou-lou-cha* 布路沙 (Pechawer), *Kia-che-mi-lo* 加濕彌羅 (Cachemire), etc., (l'empereur) fit des décrets enjoignant à ces États d'ordonner à des gens d'aller à leur rencontre et de les guider. »

IV

A, chap. XLIII : Cinquième année *k'ai-pao* (972 ap. J.-C.) : arrivée à la cour de trois çramaṇas de l'Inde de l'ouest, *K'o-tche* 可智, *Fa-k'ien* 法見 et *Tchen-li* 眞理. — Arrivée d'un çramaṇa de l'Inde de l'ouest, *Sou-ko-t'o* 蘇葛陀 ; il offre à l'empereur des reliques et des fleurs de Mañjûṣa 文殊華. — Arrivée de quatorze çramaṇas de l'Inde de l'ouest, parmi lesquels se trouve le çramaṇa *Mi-lo* 彌羅.

V

A, chap. XLIII : Sixième année *k'ai pao* (973 ap. J.-C.) : arrivée du [maître du] Tripiṭaka, *Fa-t'ien* (Dharmadeva) 三藏法天, originaire de l'Inde du centre.

(*Fa-t'ien*, qui prit en 982 le nom de *Fa-hien* 法賢, était un çramaṇa du temple Nâlanda ; il mourut en 1001. C'est un des plus célèbres traducteurs de l'époque des *Song*. Cf. Bunyiu Nanjio, *Catalogue...*, Appendix II, n° 159.)

VI

B. « La huitième année [*k'ai pao*] (975), en hiver, *Jang-kie-chouo-lo* 穰結說羅 (Çankhasvara), fils du roi de l'Inde de l'est, vint rendre hommage et apporter tribut. »

VII

A, chap. XLIII : Deuxième année [*t'ai-p'ing-hing-kouo*] (977) : arrivée de *Ki-siang* 吉祥, çramaṇa de l'Inde de l'ouest ; il apporte des textes sanscrits écrits sur feuilles de palmier.

(A la date de 992, le *Fo tsou t'ong ki* cite de nouveau *Ki-siang* : ce religieux avait présenté à l'empereur une prétendue traduction qu'il intitulait le sûtra du recueil des prières magiques du Mahâyana 大乘祝藏經 ; mais *Fa-t'ien* (cf. n° V) dénonça cet ouvrage comme ne reposant sur aucun original sanscrit et l'empereur le fit brûler.)

VIII

A, chap. XLIII : Troisième année [*t'ai-p'ing-hing-kouo*] (978) : *Ki-ts'ong* 繼從, çramaṇa du temple *K'ai-pao* 開寶, revient de l'Inde de l'ouest avec ses compagnons ; il offre des livres sanscrits, un stûpa d'une relique du Buddha, des feuilles du Bodhidruma, un plumeau en plumes de queue de paon. — Arrivée de *Po-na-mo* 鉢納摩, çramaṇa de l'Inde du centre ; il apporte un stûpa d'une relique du Buddha et un plumeau en queue de yack. — *Man-tchou-che-li* 曼殊室利 (Mañjuçrî), fils d'un roi de l'Inde de l'ouest, demande à s'en retourner dans son pays ; un décret l'y autorise (commentaire : il était arrivé en Chine la quatrième année *k'ai-pao* = 971 ap. J.-C.).

B. « D'après les lois de l'Inde, lorsque le roi d'un État meurt, l'héritier présomptif lui succède ; tous les autres fils quittent le monde et entrent en religion ; ils ne résident plus dans leur pays d'origine. Il y eut un certain *Man-tchou-che-li* (Mañjuçrî) qui était un de ces fils de roi ; il vint [en Chine] à la suite de religieux chinois. *T'ai-tsou* (960-975) ordonna de le loger dans le temple *Siang-kouo* 相國. Il observait très bien la discipline ; il était le favori des gens de la capitale, et les richesses et les dons affluaient dans sa demeure. Tous les religieux devinrent jaloux de lui ; comme il ne comprenait pas le chinois, ils fabriquèrent une requête supposée par laquelle il demandait à rentrer dans son pays. Cette requête lui fut accordée. Quand le décret impérial eut été rendu, *Man-tchou-che-li* (Mañjuçrî) fut frappé de stupeur et d'indignation. Les religieux l'avertirent qu'à cause du décret il ne pouvait que se soumettre. Il tarda encore quelques mois, puis s'en alla. Il disait qu'il se rendait vers la mer du Sud pour s'en retourner sur un bateau marchand ; on n'a jamais su où il était allé. »

IX

A, chap. XLIII : Cinquième année [t'ai-p'ing-hing-kouo] (980) : au deuxième mois, arrivée du (maître du) Tripiṭaka *T'ien-si-tsai* 天息災, originaire du pays de *Kia-che-mi-lo* (Cachemire)[1], dans l'Inde du nord, et du (maître du) Tripiṭaka *Che-hou* 施護 (Dànapala?), originaire du pays d'*Ou-t'ien-nang* 烏塡曩 (Udyâna). — Au cinquième mois, arrivée de *Hou-lo* 護羅, çramaṇa de l'Inde du centre.

(Sur *T'ien-si-tsai* † 999 et *Che-hou*, deux des plus illustres traducteurs de l'époque des *Song*, cf. Bunyiu Nanjio, *Catalogue...*, Appendix II, nᵒˢ 160 et 161.)

X

En 982, au sixième mois, institution de la cour de traduction des livres saints 譯經院. *T'ien-si-tsai* (cf. nᵒ IX), avec le titre de grand maître qui éclaircit la religion 明教大師, *Fa-t'ien* (cf. nᵒ V), avec le titre de grand maître qui transmet la religion 傳教大師, et *Che-hou* (cf. nᵒ IX), avec le titre de grand maître qui manifeste la religion 顯教大師, sont mis à la tête des travaux de la commission et sont chargés de traduire chacun un ouvrage. Des religieux chinois versés dans la connaissance du sanscrit, tels que *Fa-tsin* 法進, *Tch'ang-k'in* 常謹 et *Ts'ing-tchao* 清沼, sont chargés de recueillir la traduction par écrit et de rétablir dans les phrases, calquées d'abord sur l'original sanscrit, la construction chinoise. Les hauts fonctionnaires *Yang Yue* 楊說 et *Tchang Ki* 張洎 ont pour tâche de polir le style.

(Cf. *Fo tsou t'ong ki*, chap. XLIII, et *Song kao seng tchoan*, chap. III, *ad fin.*)

1) D'après un autre texte (*Fo tsou li tai t'ong tsai* 佛祖歷代通載, chap. XXVI, année 982), *T'ien-si-tsai* aurait été un çramaṇa du temple *Mi-lin*, du royaume de *Jo-lan-t'o-lo* (Jalandhara), dans l'Inde du centre 西天中印土惹爛陀羅國密林寺天息災。

XI

A, chap. XLIII : Septième année [*t'ai-p'ing-hing-kouo*] (982), au douzième mois : Le religieux *Koang-yuen* 光遠, originaire de *Tch'eng-tou* 成都 (auj. préfecture de *Tch'eng-tou*, province de *Se-tch'oan*), revint d'un voyage dans l'Inde de l'ouest. Il se présenta au palais et offrit une lettre de *Mo-si-nang* 沒徙曩, fils du roi de l'Inde de l'ouest, une empreinte de l'os du crâne du Buddha, des feuilles de palmier, des feuilles du Bodhidruma. L'empereur ordonna au [maître du] Tripiṭaka *Che-hou* (cf. n° IX) de traduire la lettre qui était ainsi conçue : « Humblement j'ai entendu dire que, dans le royaume de *Tche-na* (Chine), il y avait un grand Fils du Ciel; parfaitement sage, parfaitement saint, sa fortune et sa puissance sont souveraines. J'ai honte de mon peu de chance qui m'ôte le moyen d'aller vous rendre hommage. (*Koang*) *Yuen*, par la grâce impériale, a obtenu d'offrir un kaṣâya au *Che-kia Jou-lai* (Çakya Tathâgata) du trône de diamant ; après l'avoir étendu et suspendu, et après avoir fait son offrande, il a souhaité humblement que l'empereur de *Tche-na* (Chine) eût une prospérité et une intelligence accomplies, une longévité et une autorité durables, que tous les êtres doués de sentiment fussent transportés au delà de tous les (lieux) où on est submergé et où on se noie. Avec respect je remets au çramaṇa *Koang-yuen* une relique de *Che-kia* (Çakya) pour qu'il vous l'apporte. »

Voici le texte chinois de cette lettre, tel qu'on le trouve dans le *Fo tsou t'ong ki* :

伏聞支那國有大天子。至聖至神富貴自
在。自慙福薄無由朝謁。遠蒙皇恩賜金剛
座釋迦如來袈裟一領。即巳披挂供養。伏願
支那皇帝。福慧圓滿壽命延長。一切有情度
諸沈溺。謹以釋迦舍利附沙門光遠以聞。

Ce même texte se trouve sous une forme notablement différente dans l'histoire des *Song* (chap. 490) et, par suite, dans *Ma Toan-lin* (chap. 338); il y est si altéré que, lorsqu'il est question du kaṣâya offert par *Koang-yuen* au Buddha du trône de diamant, Stanislas Julien fait la traduction suivante (*Mélanges de géographie asiatique...*, p. 171) : « A l'arrivée de *Kouang-youen*, j'ai eu l'honneur de recevoir une sainte statuette enri-

4

chie de diamants, représentant Çâkyamouni, assis dans l'attitude du bonheur et du calme divin. Je me suis revêtu du *kia-cha* et lui ai fait des offrandes. »

Il est évident que le texte du *Fo tsou t'ong ki* est le seul qui puisse être accepté. *Koang-yuen* déposa auprès du Vajrâsana le même présent que mentionnent aussi les trois inscriptions de l'année 1022 ; il étendit et suspendit un vêtement religieux ou kaṣâya sur la statue du Buddha ; il fit ensuite des vœux pour la prospérité de son souverain et de tous les êtres vivants en général. Ce qui ne laisse pas que d'être intéressant (et l'auteur du *Fo tsou t'ong ki* ne manque pas de le faire remarquer), c'est que *Koang-yuen* apportait son offrande « par grâce impériale », c'est-à-dire sur l'ordre exprès de l'empereur ; jusqu'alors, les pèlerins qui étaient allés en Inde s'y étaient rendus de leur propre gré et en leur propre nom ; ce texte est le premier où nous voyions un empereur de Chine envoyer dans les lieux saints un religieux, avec mission d'y accomplir pour lui certaines dévotions. L'inscription de 1033 et, semble-t-il aussi, la grande inscription de 1022 nous attestent de la même manière le zèle bouddhique des premiers empereurs *Song*.

Il est un point cependant sur lequel il est permis d'hésiter entre la leçon du *Fo tsou t'ong ki* et celle du *Song che*. L'encyclopédie bouddhique nous dit que la lettre fut écrite par *Mo-si-nang*, fils du roi de l'Inde de l'ouest ; d'après l'historien, *Mo-si-nang* était lui-même un roi de l'Inde ; si ce dernier témoignage est exact, on pourrait, comme le propose M. Sylvain Lévi, identifier *Mo-si-nang* avec le Mahâsena, qui est mentionné dans le *Mahâvamso*, ou Chronique des rois de Ceylan.

A la suite de la lettre de *Mo-si-nang*, l'histoire des *Song* ajoute que *Che-hou* traduisit aussi une adresse collective des religieux du même royaume : pour la forme et le fond, cette adresse était analogue à la lettre de *Mo-si-nang*.

XII

B. « *Che-hou* (cf. nº IX) était originaire du royaume d'*Ou-hiuen* (?)-*nang* 烏塡曩 (Udyâna) ; ce royaume dépend de l'Inde du nord. En marchant vers l'ouest pendant douze jours, on arrive au royaume de *Kan-t'o-lo* 乾陀羅 (Gandhâra) ; après vingt autres jours de marche vers l'ouest, on arrive au royaume de *Nang-ngo-lo-kia-lo* 曩誐羅賀羅 (Nagarahara) ; après dix autres jours de marche vers l'ouest, on arrive au royaume de *Lan-p'o* 嵐婆 (Lampaka, Lamghan); après douze autres jours de marche vers l'ouest, on arrive au royaume de *Ngo-jo-nang* 誐惹曩 (Gazna?); en continuant à marcher vers l'ouest, on arrive au royaume de *Po-se* 波斯 (Perse) et on trouve la mer Occidentale 西海. — A partir de l'Inde du nord, au bout de cent vingt jours de marche, on arrive à l'Inde du centre. — De l'Inde du centre, en marchant vers l'ouest, après trois étapes, on arrive au royaume de *A-lo-wei* 呵囉尾; après douze autres jours de marche, on arrive au royaume de *Wei-nang-lo* 未曩囉; après douze autres jours de marche vers l'ouest, on arrive au royaume de *Po-lai-ye-kia* 鉢賴野迦 (Prayâga); après soixante autres jours de marche vers l'ouest, on arrive au royaume de *Kia-lo-nou-k'iu-jo* 迦囉拏俱惹 (Kanyâkubja); après vingt autres jours de marche vers l'ouest, on arrive au royaume de *Mo-lo-wei* 摩囉尾 (Malva?); après vingt autres jours de marche vers l'ouest, on arrive au royaume de *Ou-jan-ni* 烏然泥 (Ujjayinî); après vingt-cinq autres jours de marche vers l'ouest, on arrive au royaume de *Lo-lo* 囉囉 (Lâṭa?); après quarante autres jours de marche vers l'ouest, on arrive au royaume de *Sou-lo-tch'a* 蘇囉茶 (Surâṣṭra); après onze autres jours de marche vers l'ouest, on arrive à la mer Occidentale. — De l'Inde du centre, il faut six mois de voyage pour arriver à l'Inde du sud. — En marchant encore vers l'ouest pendant quatre-vingt-dix jours, on arrive au royaume de *Kong-kia-nou* 供迦拏 (Koṅkaṇa); en marchant encore vers l'ouest pendant un mois, on arrive à la mer. En partant de l'Inde du sud, après six mois de marche vers le sud, on arrive à la mer du Sud. Tout cela, c'est *Che-hou* qui l'a exposé. »

XIII

A, chap. XLIII : Huitième année *t'ai-p'ing-hing-kouo* (983) : le çramaa *Fa-yu* 法遇 revient de l'Inde de l'ouest; il présente à l'empereur une relique de l'os du crâne du Buddha et des textes sanscrits écrits sur feuilles de palmier. *Fa-yu* quêta parmi la foule pour fabriquer un dais précieux orné de dragons et un kaṣâya tissé d'or dont il se proposait de faire une offrande au trône de diamant lorsqu'il retournerait dans l'Inde du centre. Il demanda qu'on lui donnât des lettres pour les divers royaumes qu'il traverserait : un décret impéral lui accorda des lettres-patentes pour les royaumes de *San-fo-ts'i* 三佛齊 ' de *Ko-kou-lo* 葛古羅 et de *Ko-lan* 柯蘭 ; on l'envoya muni de ces lettres. »

A la date de 989, le *Fo tsou t'ong ki* ajoute que, au dire de l'empereur lui-même, le religieux *Fa-yu*, au moment de se rendre dans l'Inde du centre, avait demandé à élever une stèle auprès du trône de diamant du Buddha, au nom du gouvernement chinois : 向中竺僧法遇乞爲本國佛金剛座立碑。

B. « La huitième année [*t'ai-p'ing-hing-kouo*] (983), le religieux *Fa-yu*, revenant de l'Inde où il avait été chercher des livres sacrés, arriva à *San-fo-ts'i* 三佛齊 et y rencontra le religieux hindou *Mi-mo-lo-che-li* 彌摩羅失黎 (Vimalaçrî, ap. M. Sylvain Lévi), qui, après un court entretien, le chargea d'une requête dans laquelle il exprimait son désir de se rendre dans le Royaume du Milieu et d'y traduire les livres saints. L'empereur eut la bonté de rendre un édit pour l'appeler auprès de lui. *Fa-yu* quêta ensuite des aumônes pour fabriquer un dais précieux orné de dragons et un kaṣâya. Comme il se proposait de retourner en Inde, il demanda qu'on lui remit des lettres officielles pour les royaumes qu'il devait traverser. (L'empereur) lui donna donc des lettres pour *Hia-tche* 遐至, roi du pays de *San-fo-ts'i* 三佛齊, pour *Se-ma Ki-mang* 司馬佶芒, souverain du pays de *Ko-kou-lo* 葛古羅, pour *Tsan-tan-lo* 讚坦羅, souverain du pays de *Ko-lan* 柯蘭, et pour *Mou-t'o-sien* 謨馱仙, fils du roi de l'Inde de l'ouest ; on le fit partir muni de (ces lettres). »

Toute la fin de ce passage de l'histoire des *Song* a été singulièrement travestie par Stanislas Julien qui n'a pas vu que 遐至 était un nom d'homme [1].

____

1) On retrouve le nom du roi *Hia-tche* dans la notice du royaume de *San-fo-ts'i* de l'histoire des *Song* (chap. 489, p. 5 v°) : « La huitième année [*t'ai-p'ing-hing-kouo*] (983), le roi de ce pays, *Hia-tche*, envoya l'ambassadeur *P'ou-ya-t'o-lo* apporter en tribut un Buddha en cristal de roche, de la toile de coton, des dents

XIV

B. « Pendant la période *yong-hi* (984-987), *Ts'e-hoan* 辭澣, reli-gieux de l'arrondissement de *Wei* 衛, revint des contrées occidentales. Avec le religieux turc 胡 *Mi-tan-lo* 密坦羅 (Mitra), il vint pré-senter des lettres du roi de l'Inde du nord et de *Na-lan-t'o* 那爛陀, roi qui s'assied sur le diamant. »

Il est évident que, dans ce texte, il devait être question du roi de l'Inde du nord, du Vajrâsana ou trône de diamant et du temple Nâlanda. Mais les noms ont été irrémédiablement confondus et brouillés par le rédac-teur de l'histoire des *Song*.

XV

Pendant la période *yong-hi*, 984-987 après J.-C., l'histoire des *Song* mentionne encore qu'un religieux de *P'o-lo-men* 婆羅門 (c'est-à-dire un çramaṇa bouddhiste de l'Inde), nommé *Yong-che* 永世, et un hérétique de *Po-se* 波斯 (Perse), nommé *A-li-yen* 阿里烟, arrivèrent ensemble à la capitale. — *Yong-che* dit que son pays s'appe-lait le royaume de *Li-te* 利得, que le nom de famille du roi était *Yu-lo-ou-te* 牙羅五得, que son nom personnel était *A-jo-ni-fo* 阿喏你縛, que sa femme s'appelait *Mo-ho-ni* 摩訶你. *A-li-yen* dit à son tour que le roi de son pays avait le surnom de *Hei-i* 黑衣, que son nom de famille était *Tchang* 張, que son nom personnel était *Li-mo* 哩沒.

de rhinocéros, des parfums et des drogues » 八年其王還至遣使蒲押陁羅來貢水晶佛錦布犀牙香藥。—
Le royaume de *San-fo-ts'i* paraît avoir eu sa capitale à Palembang, sur la côte occidentale de Sumatra. — Je n'ai trouvé aucun renseignement sur les royaumes de *Ko-kou-lo* et de *Ko-lan*.

Ce texte a été traduit intégralement par Stanislas Julien (*op. cit.*, p. 175-177).

XVI

A, chap. XLIII : Deuxième année *toan-kong*, 989 après J.-C. (mais il semble qu'il y a là une faute d'impression et qu'il faut lire « troisième année » = 990) : « *Ich'ong-ta* 重達, çramaṇa de *T'ai-yuen* 太原, revient de l'Inde de l'ouest ; dix ans s'étaient écoulés entre son départ et son retour. Il apporte des reliques du Buddha et des textes sanscrits écrits sur des feuilles de palmier. » — « *Pou-t'o-k'i-to* 補陀吃多, mraaṇa du temple *Na-lan-t'o* (Nâlanda), de l'Inde du centre, vient à la çour. Il offre des reliques du Buddha et des textes sanscrits. »

XVII

En cette même année 989 (ou plutôt 990), le *Fo tsou t'ong ki* mentionne l'arrivée de *Tsing-kie* 淨戒, çramaṇa du royaume de *Tchan-tch'eng* 占城 [Campa] des mers du Sud ; il se rend à la cour et offre à l'empereur [un sceptre] *jou-i*, une cloche et un battant de cloche en cuivre doré, du parfum de camphre. 獻如意金銅鈴杵龍腦香.

Peut-être ce religieux est-il le même que celui qui est mentionné dans l'histoire des *Song*, à la date de la deuxième année *tche-tao* (996 ap. J.-C.). Stanislas Julien a traduit le passage relatif à ce personnage de la manière suivante : « Dans la deuxième année de la période *Tchi-tao* (996 de J.-C.), un religieux de l'Inde aborda en Chine sur un vaisseau marchand. Il apportait une cloche destinée à l'empereur, un battant (de cloche) orné de sonnettes, une sonnette de cuivre (持帝鐘鈴杵銅鈴各一), une statuette de Buddha, et un livre sacré écrit sur des feuilles de palmier. Il ne comprenait pas la langue chinoise. »

XVIII

A, chap. XLIII : La première année *tche-tao* (995), *Kia-lo-chen-ti* 迦羅扇帝 [Kâlaçânti?], çramaṇa de l'Inde du centre, vient à la cour.

Il apporte des reliques de l'os du crâne du Buddha et des livres sanscrits écrits sur feuilles de palmier. »

XIX

A, chap. XLIII : « La troisième année [*tche-tao*] (997), au neuvième mois, *Lo-hou-lo* 羅 護 羅 (Râhula), çramaṇa de l'Inde de l'ouest, vient à la cour. Il apporte des textes sanscrits écrits sur feuilles de palmier. »

XX

A, chap. XLIV : Première année *hien-p'ing* (998) : « *Ni* (?)-*wei-ni* 儞 尾 抳, çramaṇa de l'Inde du centre, et ses compagnons viennent à la cour. Ils apportent des reliques du Buddha, des textes sanscrits, des feuilles de l'arbre de la Bodhi, plusieurs fruits (de l'arbre) de la Bodhi. — *Fo-hou* 佛 護, çramaṇa de l'Inde de l'ouest, vient à la cour ; il apporte des livres sanscrits. »

XXI

A, chap. XLIV : Première année *king-té* (1004) : « Arrivée du (maître du) Tripiṭaka *Fa-hou* 法 護, originaire de l'Inde de l'ouest ; il apporte des reliques du Buddha et des textes sanscrits écrits sur feuilles de palmier. » — « Arrivée de *Kie-hien* 戒 賢 (Çilabhadra), çramaṇa de l'Inde du nord ; il apporte des textes sanscrits. » — Sur *Fa-hou*, cf. Bunyiu Nanjio, *Catalogue...*, Appendix II, n° 162.

XXII

A, chap. XLIV : La deuxième année [*king-té*] (1005), au troisième mois, arrivée de *Mou-lo-che-ki* 目 羅 失 稽, çramaṇa du royaume de *Kia-che-mi-lo* (Cachemire) ; il apporte des livres sanscrits et des feuilles de l'arbre de la Bodhi. » — « Le septième mois, arrivée de *Ta-mo-po* 達 磨 波, çramaṇa de l'Inde de l'ouest ; il apporte des textes sanscrits. »

XXIII

A, chap. XLIV : Troisième année *ta-tchong-siang-fou* (1010) :

« *Tchong-té* 衆德, çramana de l'Inde de l'ouest, vient à la cour. Il offre des reliques, des textes sanscrits, une empreinte de la Bodhi. » — « *Kio-kie* 覺戒, çramana de l'Inde du centre, vient à la cour; il apporte des reliques, des fascicules sanscrits, le vrai visage du trône de diamant(金剛座眞容, c'est-à-dire, apparemment, une image de la statue du Buddha qui se trouvait dans le temple Mahâbodhi; cf. p. 10, n. 1), des feuilles de l'arbre de la Bodhi... Quand il s'en retourna, il reçut par décret impérial un kaṣâya tissé d'or 金襴袈裟 pour l'offrir au trône de diamant; il reçut aussi de l'argent pour la route, du thé et des fruits. »

<h2 style="text-align:center">XXIV</h2>

A, chap. xliv : Quatrième année *ta-tchong-siang-fou* (1011) : « Au cinquième mois, arrivée de *Tsi-hien* 寂賢, çramana du royaume de *Pan-ni* 般尼; il apporte des textes sanscrits et une empreinte de la Bodhi. »

<h2 style="text-align:center">XXV</h2>

A, chap. xliv : Sixième année *ta-tchong-siang-fou* (1013) : « Au neuvième mois, arrivée de *Tche-hien* 知賢, çramana de l'Inde de l'ouest, et de ses compagnons. Il apporte des reliques et des textes sanscrits. »

<h2 style="text-align:center">XXVI</h2>

A, chap. xliv : Huitième année *ta-tchong-siang-fou* (1015) : « Le royaume de *Tchou-lien* 注輦 1, dans les mers du Sud, envoya un ambassadeur offrir le tribut et apporter des livres sanscrits de l'Inde... »

1) Cette ambassade est également signalée par le *Song che* dans la notice sur le royaume de *Tchou-lien* (chap. 489) : cette notice a été réproduite par *Ma Tvan-lin* (cf. Hervey de Saint-Denys, *Ethnographie des peuples étrangers à la Chine*; *Méridionaux*, pp. 571-582); elle ne me paraît pas donner des renseignements suffisants pour qu'on puisse déterminer la situation géographique du royaume de *Tchou-lien*.

XXVII

A, chap. XLIV : « La neuvième année [*ta-tchong-siang-fou*] (1016), au deuxième mois, arrivée de *T'ien-kio* 天覺, çramaṇa du royaume de *Yeou-t'ien-nang* 優填曩 (Udyâna), dans l'Inde du nord, — de *Miao-té* 妙德, çramaṇa du royaume du Fils du lion (Ceylan), dans l'Inde du sud, — et de divers çramanas du royaume de *Kia-ts'o* 迦蹉 (Kaccha?), dans l'Inde de l'ouest. Chacun d'eux offrit des reliques et des livres sanscrits. » — « Au quatrième mois, arrivée de *T'ong-cheou* 童壽, çramaṇa du royaume de *Sa-fo-lo* 薩縛羅, dans l'Inde du centre ; il apporte des livres sanscrits. » — « Au cinquième mois, arrivée de *P'ou-tsi* 普積, çramaṇa du royaume de *Fo-lin-nai* 縛鄰捺 (Varendra), dans l'Inde de l'est ; il apporte des textes sanscrits. »

L'auteur du *Fo tsou t'ong ki* remarque qu'à aucune autre époque de l'histoire les religieux hindous ne furent aussi nombreux à la cour de Chine qu'en cette année. Il ajoute que, à l'exception du nom de Ceylan, il est impossible d'identifier au moyen du *Si yu ki* les noms des royaumes qui sont cités dans ce paragraphe.

XXVIII

B. « La deuxième année *t'ien-cheng* (1024), au neuvième mois, des religieux de l'Inde de l'ouest, *Ngai-hien-tche* 愛賢智, *Sin-hou* 信護 (Çraddhâpâla ?) et d'autres arrivèrent ; ils offrirent des textes sanscrits. »

XXIX

B. « La cinquième année [*t'ien-cheng*] (1027), au deuxième mois, cinq religieux, parmi lesquels se trouvait le religieux *Fa-ki-siang* 法吉祥, vinrent offrir des livres sanscrits. »

XXX

Les textes du *Fo tsou t'ong ki* (années 1031 et 1039) relatifs à *Hoai-wen* 懷問, qui alla trois fois en Inde, ont été traduits plus haut

(p. 24-25) dans la notice sur l'inscription de l'année 1033 dont ce religieux est l'auteur.

XXXI

B. « La troisième année *king-yeou* (1036), au premier mois, neuf religieux, parmi lesquels se trouvait le religieux *Chan-tch'eng* 善稱, offrirent à l'empereur des livres sanscrits, des os du Buddha ainsi qu'une statue du Bodhisattva aux dents de cuivre 銅牙菩薩. »

XXXII

A, chap. XLV : « La cinquième année [*hoang-yeou*] (1053), arrivée de de *Tche-ki-siang* 智吉祥, çramana de l'Inde de l'ouest, et de ses compagnons ; il apporte des textes sanscrits. »

Ed. CHAVANNES.

154